I0491657

BLOCKCHAIN

&

CRIPTOMONEDAS

Lecciones de un criptoconverso

ANTONIO LUIS LARA

© 2020, Antonio Luis Lara Acedo

SAFE CREATIVE: 2101086527424

Quedan totalmente prohibidos dentro de los límites establecidos por las leyes nacionales e internacionales, bajo apercibimiento de las máximas sanciones previstas legalmente, la reproducción total o parcial del contenido (textos e información) del libro, por cualquier medio o procedimiento electrónico o mecánico, tratamiento informático, o cualquier otra forma de cesión de vida y obra del autor sin autorización previa del titular del copyright.

A mi querido hermano

Descargo de responsabilidad: Este libro hace referencia a una opción y tiene únicamente fines informativos. No pretende ser un consejo de inversión. Acuda a un profesional debidamente autorizado para recibir asesoramiento en materia de inversiones.

Índice

Índice 5

Prólogo 7

15 de agosto de 1971. El día de la Bestia 14

BLOQUE I: BITCOIN Y BLOCKCHAIN 22

Capítulo 1: Los cimientos: descentralización y criptografía...................23

Capítulo 2: Génesis de Bitcoin 32

Capítulo 3: Blockchain 40

Capítulo 4: Comprendiendo Bitcoin 52

Capítulo 5: Minería. ¿merece la pena?..................................61

BLOQUE II: ETH Y OTRAS ALTCOINS. TOKENIZACION 74

Capítulo 6: Génesis de Ethereum. 75

Capítulo 7: Comprendiendo Ethereum.................................80

Capítulo 8: DAO y Smart contracts 88

Capítulo 9: Tokenización..96

Capítulo 10: GeoDB 104

Capítulo 11: Altcoins..114

BLOQUE III: INVERSIÓN 135

Capítulo 12: Finanzas descentralizadas 136

Capítulo 13: Casos reales 168

Capítulo 14: Fiscalidad..196

Capítulo 15: Estafas 202

Conclusiones..207

Glosario de Acrónimos..i

Índice de Figuras..i

Agradecimientos...i

Sobre el autor...i

Prólogo

Más vale tarde

Soy ingeniero técnico de telecomunicaciones y consultor informático. Tengo un posgrado en telemática y redes de telecomunicación y un MBA. La primera vez que oí la palabra bitcoin estaba recién salido de la facultad. Era joven y trabajaba en una consultora tecnológica americana. Tenía el perfil perfecto para ser uno de los primeros compradores de la nueva criptomoneda salvo por una cosa: la tecnología no me apasionaba. De hecho, me daba igual. Para mí era solo una herramienta de trabajo. Lo que realmente me gustaba era analizar y solucionar problemas. Cuando trabajas como desarrollador utilizas un lenguaje y tu misión es usarlo de la forma más adecuada posible para obtener una solución eficaz y eficiente al problema porque los recursos son siempre limitados. Mi falta de pasión en aquel momento no es difícil de entender. No a demasiada gente le entusiasma el estudio de la lengua, pero gracias a ella se pueden hacer grandes discursos, enamorar a tu pareja, disfrutar de una charla con los amigos o escribir El

Quijote. Tampoco me gustan los idiomas, pero no tengo más remedio que hablar inglés en el trabajo y alemán en la vida diaria.

Esa forma de pensar me hizo cometer en 2009 uno de los errores más absurdos de toda mi vida: pensar que la nueva moneda, bitcoin, era cosa de frikis. "Otros raritos de una facultad que no tienen otra cosa que hacer que inventar una criptomoneda". Ese fue mi pensamiento.

Con el tiempo tampoco cambié de opinión, a pesar de que el proyecto tomaba color y la moneda subía de precio como la espuma. En abril de 2010 el precio era de 0,3 céntimos de dólar. En julio de ese mismo año alcanzó los 8 céntimos. En diciembre de 2012, los 13 $.

Yo, mientras tanto, seguía pensando que, sin tener el respaldo de ningún estado, ni de ninguna reserva federal, o siquiera algún activo, no tenía sentido invertir en ella, sobre todo cuando la volatilidad era desmedida.

Mi evolución en el ámbito laboral tampoco ayudaba a que cambiara de opinión. Como desarrollador de bases de datos cada vez me interesaba menos la sintaxis en la programación. Dejó de preocuparme. No me aportaba valor, todo estaba ahí, en Internet. Lo realmente importante para mí era el fondo, el motor de la base de datos cuyo buen uso determina el rendimiento, y por supuesto, el negocio. El conocimiento del negocio lo es todo, o casi.

Desde mi punto de vista la tecnología era solamente la capa externa imprescindible para solucionar los problemas, pero el conocimiento del negocio... Ahí es donde radicaba el verdadero valor. Sin él, la tecnología era como una cuchara en un plato vacío.

Cambié de ciudad, de país, de idioma: español, catalán, francés, inglés, alemán... La lengua no importaba. Si realmente tienes algo importante que decir, vendrá alguien a traducirte. Era la capa externa, como la programación, como la tecnología.

Julio de 2019. El precio del bitcoin se sitúa en torno a los 9.000 $ después de haber alcanzado los 16.000 $ en diciembre de 2017. En 2019, centrado en mi verdadera pasión, la inversión, compré unas cuantas acciones de GeoDB, una *startup* británica de capital (humano y monetario) español. Su primer proyecto se centra en la creación de un *marketplace* donde las empresas puedan adquirir datos anónimos de usuarios, que obtienen recompensas por la cesión de los mismos a través de una app móvil. La compensación se otorga en forma de *token*, un tipo de cripto activo.

Llegó mi primer contacto con las cadenas de bloques. La idea me resultó francamente interesante, por lo que empecé a estudiar el tema. Primero Bitcoin y *Blockchain* y luego ETH y contratos inteligentes. De pronto, un mundo nuevo se abrió ante mis ojos. Por primera vez para mí, la tecnología no era solo una mera herramienta para solucionar problemas. Ahora era el núcleo, el negocio, incluso más allá: la filosofía. La pieza clave de una nueva teoría económica con bases en el siglo XIX y con nacimiento en el siglo XXI.

Descubrí la disrupción tecnológica más importante desde la aparición de Internet. Un cambio de paradigma económico que, antes o después, tendrá que ser aceptado por sus múltiples ventajas, siendo la principal de ella la descentralización. Es el concepto más importante de la *Blockchain*, o cadena de bloques, que hace que sea la solución más democrática a los problemas actuales y la libera de las intervenciones estatales. Las terceras partes necesarias hoy en día para certificar pagos tenderán a desaparecer. Nadie necesitará un banco, Visa o MasterCard para que certifique una transferencia desde una tarjeta de crédito y además será más seguro y mucho más barato.

La dimensión de *Blockchain* es mayor aún, pues no solo se aplica a las criptomonedas, sino que va mucho más allá pues, como tecnología que es, aún conserva su parte de "herramienta" para solucionar problemas.

Como cadenas inmutables, las cadenas de bloques servirán para eliminar cualquier tipo de blanqueo de capitales. Cada movimiento queda almacenado en la propia cadena y no se puede destruir ni modificar.

Reforzará la seguridad, impidiendo la suplantación digital de los usuarios.

La trazabilidad será infalible e inmutable. Las cadenas de suministros como la de alimentos y medicinas o la custodia de pruebas judiciales serán seguras al 100 % y con un coste de mantenimiento ridículo.

Cualquier tipo de registro será absorbido por esta tecnología, abaratando los costes judiciales, de notaría, de registro de propiedad, de vehículos y protección intelectual, entre otros.

Además, tras la llegada de ETH, el límite es la imaginación. Gracias a los contratos inteligentes se permite una capa de programación por encima de la criptomoneda, que hace posible que una aplicación como GeoCash, de GeoDB, recompense con *tokens* a los usuarios por la cesión de sus datos. Es un cambio de paradigma por el cual éstos se convierten en beneficiarios del negocio del Big Data, al recibir recompensas por lo que ya hacían desde hace mucho tiempo sin ninguna prestación a cambio. En este caso, el contrato envía un pago de criptomoneda cuando un usuario ha cedido una cantidad de datos concretos. Esto se puede extrapolar a la compraventa de inmuebles o a cualquier transacción comercial. De pronto desaparece la figura del intermediario. El depósito de confianza no radicará nunca más en un tercero, se localizará en la red, en la cadena de bloques.

He tardado 11 años en convencerme de la utilidad de las cadenas de bloques. Me centré en la criptomoneda y no vi la *Blockchain*. Los árboles no me dejaron ver el bosque. Hoy colaboro con GeoDB y el precio del bitcoin es superior a los 19.000 $.

Ahora soy un convencido y me dispongo a que usted también lo sea y aproveche ese conocimiento en su beneficio.

Este libro está dirigido a un público extenso. No tendría sentido dedicarlo solo a lectores de conocimiento avanzado porque el objetivo es hacerle participar en la mayor revolución tecnológica del siglo, y aquellos ya lo hacen.

Dado que la *Blockchain* va más allá de lo puramente tecnológico, en el primer capítulo se desarrollan los antecedentes que explican la llegada de esta disrupción. En la eterna pelea entre keynesianos y liberales toman ventaja estos últimos. El pensamiento liberal, denostado por algunos medios durante los años precedentes, encuentra en las cadenas de bloques un impulso inesperado que ayudará a expandir su teoría económica. Comprobará cómo el liberalismo, tan vejado por muchos en estos tiempos, no es sinónimo de capitalismo salvaje.

Tras el primer capítulo comienza un bloque dedicado a las cadenas de bloques y Bitcoin, así como sus antecedentes. El último capítulo de este bloque está dedicado a la minería, las diferentes opciones que se encuentran disponibles y ejemplos prácticos para determinar si realmente es útil o no para el público en general.

El segundo bloque se centra en ETH, una criptomoneda alternativa a bitcoin que es la segunda mayor en cuanto a capitalización. Permite el uso de contratos inteligentes y la generación de *tokens* basados en ella. Cabe mencionar un capítulo dedicado en exclusiva al *token* GEO como ejemplo de lo que se puede llegar a lograr con un *smart contract*.

El tercer y último bloque está dedicado a la inversión en criptoactivos, la definición de los conceptos más importantes de las finanzas descentralizadas y cómo obtener rendimiento de ellas. Se incluye un breve capítulo con consejos para identificar y evitar estafas, *scammers* y otros peligros para usted y su dinero.

Si bien este último bloque puede ser leído sin la necesidad de haber hecho lo propio con los dos primeros, es muy recomendable que se haga de forma secuencial.

Espero que disfrute del libro y se suba a la ola disruptiva que cambiará de forma radical el sistema financiero durante los próximos años.

15 de agosto de 1971. El día de la Bestia

Cuando una crisis es realmente una
oportunidad

El tema de este libro no se acerca, ni de lejos, a la teoría económica, ni pretende remontarse a acontecimientos que vayan más allá de los últimos 10 años; pero solo gracias al conocimiento de los antecedentes económicos y la realidad financiera mundial, se podrá comprender el surgimiento de la tecnología disruptiva que es *Blockchain*. Nació, simplemente, porque era necesario.

Aun hoy hay personas que creen que el valor de una moneda depende de la cantidad de oro que disponga el país que la pone en circulación o, lo que es lo mismo, que la cantidad de dinero circulante guarda una relación directa con las reservas de oro de dicho estado. Pues no, esa relación ya no existe tal cual en nuestros días.

En 1819 durante las Guerras Napoleónicas, el parlamento británico aprobó el Acta de Reanudación, que volvía al establecimiento de un cambio a precio fijo del oro por el papel moneda. Este sistema ponía fin al uso del patrón bimetal (oro/plata) debido a la dificultad que entrañaba mantener el valor de los dos metales a un nivel concreto.

Los pilares del patrón oro eran los siguientes:

- Se aceptaba el cambio de monedas por oro.
- Se permitía la libre exportación/importación de oro.
- El valor de la unidad monetaria nacional equivalía a una cierta cantidad de oro.
- Las reservas del banco central se constituían en oro para mantener la paridad entre la divisa y el oro.

Estos 4 pilares, con sus imperfecciones por violaciones de las reglas de juego por parte de los bancos centrales, permitieron el cambio de divisa a unos tipos fijos, contribuyeron a la estabilización de precios y evitaron grandes desequilibrios en las balanzas de pagos.

Portugal adoptó el patrón oro en 1854, Alemania en 1871 y EE. UU. en 1879.

Este patrón fue usado en alguna de sus formas por las principales potencias mundiales en una época de prosperidad sin precedentes, cuando se desarrolló la Primera Revolución Industrial y hasta la irrupción de la primera de las grandes crisis que determinarían e influirían el pensamiento económico durante el siglo XX: la Primera Guerra Mundial. Los países beligerantes en el conflicto vieron como sus necesidades de financiación se elevaron hasta niveles que no podían verse garantizados por el oro de sus reservas, lo que llevó a dichos estados a imprimir dinero sin estar respaldado por oro. La única garantía era la promesa de pago por parte del estado emisor. Fue la llegada del dinero fiat.

Naturalmente, cuando un arma de este calibre cae en manos de políticos nada bueno está por venir. El abuso de emisiones de moneda sin garantía sobre ningún metal precioso derivó en situaciones de hiperinflación como la vivida en la República de Weimar entre 1921 y 1923. El abuso de emisión de papel moneda sin respaldo llevó a que el coste del nivel de vida se multiplicara por más de dos millones. La inflación alcanzó la escalofriante cifra de 1.000.000.000.000 %.

Figura I.1 Niños jugando con marcos alemanes durante la hiperinflación

Este desastre económico fue, entre otras, una de las causas del ascenso del Partido Nazi al poder en Alemania en los años 30 y, por lo tanto, del estallido de la Segunda Guerra Mundial. Espero que nadie se extrañe de que el país teutón sea desde entonces uno de los adalides de la ortodoxia económica.

Si bien el caso de la República de Weimar es el más conocido, el récord de inflación lo ostenta Hungría, cuando en 1946 llegó a 49,1 trillones por ciento.

Durante los estertores de la Segunda Guerra Mundial, representantes de 44 países se reunieron en Bretton Woods, Estados Unidos, con la intención de establecer un nuevo orden económico que no cayera en los errores de los acuerdos establecidos en la guerra anterior que, entre otros, propiciaron la hiperinflación alemana. En esta reunión, una de las más importantes de la historia desde el punto de vista económico, no solo se adoptó el patrón oro, sino que EE. UU. se comprometió a sostener el precio del metal dorado en 35 dólares por onza, eliminando cualquier restricción al cambio por dólares a dicho precio. De esta forma, el dólar se instauró como la divisa de referencia internacional y se acordó la creación del Banco Mundial, el Fondo Monetario Internacional y el germen de la Organización Mundial de Comercio.

Después de unos años de buen funcionamiento de este sistema, durante los años 60 y debido a la guerra de Vietnam, EE. UU. empezó a imprimir cantidades ingentes de dinero y el dólar comenzó a depreciarse. Por primera vez en el siglo XX, en 1971, tenían un déficit comercial negativo. Las reservas de oro de Fort Knox se contrajeron y se produjo una fuga de capitales sin

precedentes. Ante esa
tesitura, el 15 de agosto de
1971, el presidente Richard
Nixon decidió violar los
acuerdos de Bretton Woods y
devaluó el dólar un 10 %,
además de suspender la
convertibilidad en oro. Por si
fuera poco, aplicó unos
aranceles del 10 % a las
importaciones, lo que obligó a

Figura I.2 presidente Richard Nixon

otras naciones a revalorizar sus monedas. El patrón oro estaba
muerto.

De esta forma, queriéndolo o no, Nixon sentó las bases para las
crisis económicas siguientes: sentó las bases del endeudamiento
público mediante la expansión de la oferta monetaria.

Desde ese momento, los estados han tenido la capacidad para
emitir dinero sin respaldo. Una peligrosa arma de gasto público en
manos de políticos que se centran en el corto y no el largo plazo.
Con cada nueva emisión de dinero se genera nueva deuda
(generalmente adoptada por acreedores externos), cada vez los
tipos de interés se hacen más elevados porque con cada emisión
adicional sube el riesgo de impago y, lo que es peor, el dinero que
ya circulaba en el mercado se deprecia. Se empobrece al
ciudadano de a pie para incrementar el gasto público,

generalmente de forma improductiva, y enriquecer a unos pocos que serán los encargados de desarrollar e implementar esas medidas. Además, los posibles beneficiados tendrán que hacer frente en el futuro al pago de los intereses generados por la deuda y a la devaluación de sus ahorros.

Todo lo argumentado no parece un buen negocio. No al menos para el ciudadano medio. Pero estas políticas keynesianas sí que lo son para los políticos que, cuando mantienen responsabilidades de gobierno, disponen de un mecanismo que ofrece liquidez a corto plazo, fundamental para sus promesas electorales, pero que empobrece al ciudadano a largo plazo cuando ellos ya no tendrán que rendir cuentas por ello.

Desde entonces hay quien piensa que volver al patrón oro sería la mejor opción, pero también presentaría problemas de base:

- *Logísticos*: derivados de la exportación, transporte y almacenamiento del oro
- *Inestabilidad de los precios a corto plazo* motivada por la deflación producida por las mejoras en la producción y la inflación por factores como el descubrimiento de minas de oro.

Economistas liberales como Hayek o Mises teorizaron sobre lo que debería ser una divisa que realmente ayudara al ciudadano y por ende a la economía. Mises, con razón, defendía en 1971 en "*The theory of money and credit*", con su principio del dinero sólido, que una moneda lo es cuando el mercado la elige libremente y es ajena al efecto negativo de la obstrucción del estado.

Hayek, por su parte, en 1989 sentenció: *"no creo que volvamos a tener alguna vez una buena moneda antes de sacar el tema de manos del gobierno, es decir, no podemos arrancárselo con violencia, lo único que podemos hacer es introducir algo de una forma taimada e indirecta que no lo pueda detener".*

Pues bien, si ya es difícil que una moneda pueda ser elegida por el mercado sin presiones del estado, encontramos el problema de la confianza por el cual se necesita un intermediario en una transacción financiera: el problema del doble gasto que hace necesaria la presencia de un tercero (generalmente un banco, Visa, MasterCard, etc.) para que evite que el pagador use el mismo dinero para más de una transacción. Así, las monedas que entregan a una persona no serán las mismas que las que se entregan a otra.

Inmersos en ese sistema llegó el año 2008, el año del *crash* de las hipotecas *subprime* y Lehman Brothers. De nuevo surge una crisis descomunal que lleva el desempleo a tasas insospechadas, arruina a millones de familias y cierra innumerables empresas. Como en crisis anteriores se crea el caldo de cultivo propicio para extremismos y populismos. En el pueblo crece el descontento con sus dirigentes y con el sistema financiero.

En medio de todo ese desapego aparece un ente, una persona, un grupo (nadie sabe qué o quién es) llamado Satoshi Nakamoto. El creador de un *paper* llamado *"Bitcoin: A peer-to-peer electronic cash system*". Un escueto documento de 9 páginas que soluciona el problema del doble gasto en una red segura y no vulnerable a ataques (o casi), y plantea un sistema con un número limitado de monedas haciendo realidad el sueño que tuvieron Mises y Hayek años atrás.

El primer bloque Bitcoin se generó el 3 de enero de 2009. Ese bloque, que supondría unos años después unas de las tecnologías más disruptivas desde la aparición de Internet, contenía el mensaje "Chancellor on brink of second bailout for banks". Toda una declaración de intenciones. Bitcoin había llegado para ser alternativa al sistema bancario y monetario internacional.

BLOQUE I: BITCOIN Y BLOCKCHAIN

Capítulo 1: Los cimientos: descentralización y criptografía

"Dividir o descentralizar el poder significa necesariamente reducir la cuantía absoluta del poder, y el sistema de la competencia es el único sistema dirigido a hacer mínimo, por descentralización, el poder que los hombres ejercen sobre los hombres."

Friedrich Hayek, Economista y Premio Nobel

Es imposible comprender realmente los conceptos de *blockchain* y Bitcoin sin conocer los dos pilares fundamentales sobre los que se sustentan: la criptografía y la descentralización.

En realidad, ninguno de ellos es un concepto novedoso. Tanto uno como otro han sido utilizados desde hace siglos por la humanidad. La diferencia radica en la sofisticación a la que se ha llegado en los últimos años.

La lucha entre la centralización y descentralización ha sido una constante durante siglos. Aun hoy en día hay debates políticos al respecto entre los partidarios de un estado centralista o un estado que tienda a ser federado.

En un sistema centralizado la autoridad recae sobre una persona, un ente o un conjunto de ellos, de forma que el resto de participantes en el sistema están subordinados a la autoridad establecida a nivel superior. Un individuo o grupo ordena y el resto acata, siguiendo o no una jerarquía.

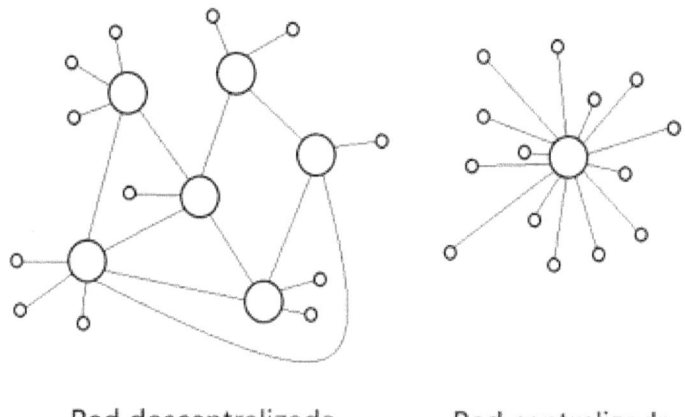

Red descentralizada   Red centralizada

Figura 1.1 Tipología de redes

En un sistema totalmente descentralizado, la autoridad se reparte entre todos sus miembros. En el primer caso, mantener el control es mucho más fácil, sin embargo, presenta grandes inconvenientes como la seguridad y la falta de democracia. Este último no hace falta explicarlo, pero quizás sí el primero. Cuando solo existe un único líder en el sistema que sustenta el control y la autoridad, atacándolo y aislándolo del resto, el sistema queda en un estado de caos y desconcierto. Toda la información relevante queda desvelada y el poder perdido. Un sistema descentralizado es prácticamente imposible de derribar. Para tomar una decisión, y por tanto el mando, habría que controlar al 51 % por ciento de los individuos que lo conforman con lo que se hace mucho más difícil un ataque. Toda decisión será por tanto tomada por consenso y no hay espacio para la censura ni para que la información, relevante o no, sea controlada por unos pocos. El hecho de que la información se encuentre distribuida entre todos los participantes hace que, en caso de que alguien haga una trampa e intente cambiar una transacción ya realizada, el resto de los nodos la consideren ilegítima y la rechacen.

Además, en un sistema centralizado, la tolerancia a fallos es mucho menor, ya que si falla la parte del sistema que controla al resto, el sistema se bloquea. Esto no ocurre con la descentralización, la caída de un nodo de la red es totalmente asumible porque el resto seguirán estando operativos para seguir trabajando.

El hecho de que el sistema sea descentralizado conlleva problemas importantes siendo el fundamental el mantenimiento de la confianza entre participantes. Pero, supongamos que ese problema se resuelve, ¿qué ocurriría si dispusiésemos de dinero descentralizado?

Meta la mano en su bolsillo y saque un billete de 10 euros de su cartera. ¿Por qué tiene ese valor? No es más que un trozo de papel con una cierta calidad y algunos mecanismos que dificultan su falsificación. Lo que determina el valor es que ha sido emitido por una entidad en la que todos confiamos: el Banco Central Europeo.

Lo mismo ocurre con las transacciones monetarias. Si usted compra una televisión en Amazon realiza el pago mediante una tarjeta bancaria. Tanto la empresa vendedora como el comprador confían en esa tercera parte para llevar a cabo la venta, de forma que certifica que su dinero llega al legítimo destino sin que usted pueda utilizarlo en otra ocasión.

De repente es posible utilizar una moneda donde la confianza la deposita la propia red. No se hace necesaria la participación de una tercera parte que aporte confianza ni un estado que la emita. Todas las transacciones se registrarán en la *blockchain* como si de un libro de cuenta se tratase. Un libro de cuentas inmutable controlado por todos los nodos de la red.

Las ventajas del dinero descentralizado son claras:

- No hay necesidad de intermediaros, con la evidente reducción de costes que ello implica.
- El dinero ya no se deposita en cuentas bancarias, si no en una cartera de la que usted es dueño y controla.
- Cualquiera con acceso a un ordenador o un teléfono móvil puede operar con ellas.
- Las comisiones son bajas, ya que lo único que se paga para hacer una transferencia es el coste de minado o de computación, que veremos más adelante.
- La velocidad de las transacciones es mucho más elevada porque al estar dividida la computación, es difícil que se produzcan cuellos de botella y ello repercute en la velocidad que percibe el usuario.

Un concepto muy interesante es el de las DAO (*Decentralized Autonomous Organization*). Es un tipo de organización dirigida por una serie de protocolos o reglas digitales, gestionada de forma descentralizada.

Tras establecer y hacer público el conjunto de reglas que se implementan en un *smart contract* (se explicará en profundidad en el capítulo 8), se solicita financiación a partir de la venta de una especie de criptomoneda llamada *token*. Ésta se puede utilizar para recompensar a los usuarios por realizar ciertas actividades que la DAO necesite. Cualquier transacción queda registrada en una *blockchain* con lo que conlleva en cuanto a seguridad e inmutabilidad.

Cuando la organización comienza su funcionamiento, todas las decisiones sobre su gestión se toman por consenso. El principal inconveniente es que cualquier decisión errónea que se haya tomado basándose en las reglas iniciales (o incluso un problema de seguridad), no puede ser corregida hasta que se llegue a un acuerdo por mayoría para establecer el cambio en dichas reglas.

Una vez comprendida la importancia de la descentralización, es necesario conocer el segundo pilar sobre el que se sustentan las *blockchains*: la criptografía.

Aunque pueda parecer una disciplina moderna, la criptografía es usada desde hace más de 4000 años. El término, de origen griego, se compone de *krypto* (oculto) y *graphos* (escritura). El fin que siempre se ha perseguido con ella es el de hacer que un mensaje solo pueda ser interpretado por el origen y destino, de forma que, si alguien interceptase el mensaje, no tuviera ningún sentido para él. Por ese motivo, ha sido sistemáticamente utilizado por diferentes ejércitos en diferentes momentos a lo largo de la historia. Libros como el *Antiguo Testamento* o *La Ilíada* hacen referencias a sistemas de cifrado, y tanto espartano como romanos utilizaron diferentes métodos criptográficos para encriptar escritos. El cifrado César, utilizado por estos últimos, está basado en la transposición. Cada letra del alfabeto se debía cambiar por una diferente correspondiente con la resultante de avanzar en el abecedario un número fijo de posiciones con respecto a la letra a codificar.

A partir del siglo IX aparecieron los primeros "*hackers*" que, como Al Kindi, autor de estudios para romper el cifrado de los mensajes mediante el análisis de frecuencia, contribuyeron a la creación de algoritmos más robustos. Ya en el Renacimiento, León Alberti creó el cifrado poli alfabético para evitar la rotura del encriptado de los mensajes mediante el uso del análisis de frecuencia.

Posiblemente, los casos más famosos de cifrado para uso militar son la Rueda de Discos de Thomas Jefferson, tercer presidente de los Estados Unidos, creada para cifrar las comunicaciones de los rebeldes en la Guerra de Independencia, y la máquina enigma, creada por la empresa alemana Scherbius & Ritter. Esta última fue fundamental en las comunicaciones germanas al inicio de la Segunda Guerra Mundial y la rotura de su cifrado por parte de un equipo aliado al mando de Alan Turing, fue determinante para el transcurso de la misma.

Tras la segunda gran guerra, los siguientes avances relevantes en la criptografía llegaría en los años setenta del pasado siglo. Estos nuevos desarrollos darían paso a la criptografía moderna basada en el cifrado con clave asimétrica.

Hasta ese momento, todos los algoritmos habían utilizado clave simétrica, o lo que es lo mismo, tanto emisor como receptor debían conocer la clave para poder descifrar el mensaje. Sin embargo, Whitfield Diffie y Martin Hellman diseñaron un nuevo tipo de algoritmo criptográfico con dos claves: una pública utilizada para cifrar y otra privada para descifrar. Así, se

Figura 1.2 Whitfield Diffie y Martin Hellman en 2008

hace necesario el conocimiento de ambas claves para poder acceder al contenido del mismo.

Este sistema de cifrado con clave pública y descifrado con la privada permite que todo el mundo sepa quién envío el mensaje, pero que solo el receptor legítimo pueda acceder a su contenido.

En el caso de Bitcoin, se usa una variante de la criptografía de clave asimétrica basada en curvas elípticas, que permite utilizar claves más cortas manteniendo la seguridad al mismo nivel. Para recibir las transacciones se utiliza la clave pública, ya que puede ser conocida por todos, mientras que la clave privada se usa para firmar las transacciones. Es muy importante hacer ver que se puede validar una firma utilizando la clave pública sin conocer ni hacer visible la clave privada.

El cifrado de clave pública genera un código *hash* cuya finalidad es la comprobación de la integridad del mensaje recibido por el receptor. Dado que una función *hash* aplicada a dos archivos crea dos códigos *hash* diferentes, el receptor podrá comprobar si el mensaje ha sido modificado. Esta es una de las bases de la minería de Bitcoin y se explicará con detalle en el capítulo correspondiente.

Una de las grandes ventajas es que en ningún momento se requiere de una tercera parte de confianza que cree las claves porque se generan de forma aleatoria.

En definitiva, gracias a la criptografía se garantiza la inmutabilidad de la información y la seguridad de las transacciones.

Recuerde los principales puntos de este capítulo:

Blockchain se basa en dos pilares: la criptografía y la descentralización.

Los sistemas descentralizados son más robustos y seguros. La caída de un nodo de la red es totalmente asumible porque el resto seguirán estando operativos para seguir trabajando.

Con el dinero descentralizado no hay necesidad de intermediaros, con la evidente reducción de costes que ello implica.

No se deposita en cuentas bancarias, si no en una cartera de la que usted es dueño y controla.

Una DAO (*Decentralized Autonomous Organization*) es un tipo de organización dirigida por una serie de protocolos que se gestiona de forma descentralizada.

Gracias a la criptografía se garantiza la inmutabilidad de la información y la seguridad de las transacciones.

Capítulo 2: Génesis de Bitcoin

"Cuando las arañas se unen pueden atar a un león."

Proverbio etíope

En la introducción de este libro se hace mención al creador del Bitcoin, Satoshi Nakamoto. Tras este pseudónimo existe una persona o grupo de personas. Expertos como Laszlo Hanyecz, programador informático, experto en seguridad y la persona que pagó 10.000 BTC (bitcoins) por la compra de dos pizzas el 22 de mayo de 2010, creen que el código de Bitcoin está demasiado bien desarrollado como para que tenga un único creador. Estaríamos por tanto ante un proyecto llevado a cabo por un grupo o una institución anónima compuesta por expertos en criptografía. En realidad, el nivel tecnológico es tan alto que es posible sospechar quien puede estar detrás de la criptomoneda, porque en el año 2008 el número de expertos reconocidos en el ámbito criptográfico no era tan elevado como lo es hoy en día.

Si bien Satoshi Nakamoto (hablemos de él como si de una persona se tratase) es el principal artífice de que Papa John's Pizza obtuviese 10.000 BTC por dos pizzas (unos 129 millones de dólares a fecha de noviembre de 2020), su obra no se entendería sin los trabajos de varios expertos, desarrollados a partir de los años 80 del pasado siglo, sin olvidar que, a su vez, se basan en el trabajo *"New Directions in Cryptography"*, de Martin Hellman y Whitfield Diffie donde definen un nuevo sistema criptográfico de clave pública allá por el año 1978.

Podría decirse que el primer antecedente del Bitcoin fue la propuesta de dinero digital descrito por David Chaum, del Departamento de Ciencias de la Computación de la Universidad de California, en su artículo *"Blind Signatures for Untraceable Payments"* publicado en 1982. En él, se propone el uso de criptografía de firma ciega de forma que se logre la intrazabilidad de los pagos de dinero digital.

Figura 2.1 David Chaum en 2018

El protocolo de firma ciega permite recibir un mensaje firmado por una entidad para que pueda ser presentada ante un tercero, sin que haya necesidad de revelar quien envía el mensaje realmente.

En 1988, ya ubicado en Ámsterdam, profundizó en esta idea y, junto con Amos Fiat y Moni Naor, escribió el *paper "Untraceable Electronic Cash"* y perfeccionó su idea original para introducir un sistema de transacciones *offline* que permitía la detección del doble gasto. Es el problema por el cual una moneda digital podría gastarse más de una vez y que evita MasterCard o Visa cuando se paga con tarjeta. Estas dos empresas garantizan que el dinero de la compra vaya directo al vendedor y a nadie más.

En 1990 Chaum fundó DigiCash, una compañía de dinero electrónico con sede en Ámsterdam que utilizó como lanzadera de sus investigaciones. Cuatro años después, la compañía efectuó el primer pago electrónico. En 1999, la empresa cayó en la bancarrota, y no por falta de oportunidades de continuar con el negocio.

Antes del fin de las operaciones de DigiCash, en 1993, colaboró con Stefan Brands en la creación del *paper "Distance bounding protocols"* mediante los cuales se establece una distancia límite entre las partes involucradas en una transacción.

DigiCash recibió ofertas de colaboración de Microsoft, en virtud de las cuales, DigiCash implementaría el dinero digital dentro de Windows 95. Chaum rechazó la oferta. Tuvo ofertas similares de Nestcape e incluso de Visa, pero todas ellas fueron declinadas. Mucha gente piensa que Chaum carecía de visión empresarial, otros pensamos que tenía en mente un objetivo mucho más ambicioso… Pero eso entra dentro del mundo de la especulación y nunca se ha demostrado su relación directa con el bitcoin y mucho menos con Satoshi Nakamoto.

En 1997, Adam Back desarrolló HashCash, un algoritmo para combatir el correo basura basado en la prueba de trabajo, base del futuro bitcoin.

La prueba de trabajo consistía en resolver un problema criptográfico muy complejo que requiriese de consumo de la CPU del emisor y, por tanto, de consumo eléctrico. Este trabajo da como resultado un código *hash* que envía a un servidor para su comprobación con un coste casi nulo. Toda la carga de trabajo recae sobre el que emite. Así, si se establece este "precio" por el envío de un correo electrónico, enviarlos de forma masiva sería muy costoso para el emisor. Curiosamente, Adam Back basó su trabajo en otro desarrollado por Moni Naor, un informático israelí colaborador de David Chaum en la creación de su dinero digital.

Hoy en día los mineros de la red Bitcoin obtienen sus recompensas por resolver pruebas de trabajo basadas en el algoritmo HashCash.

Figura 2.2 Perfil de Twitter de Adam Back

35

Otro antecesor del actual Bitcoin es b-money, creada por Wei Dai en 1998. Tenía como objetivo ser un "sistema electrónico de efectivo anónimo y descentralizado". Su propósito era proporcionar muchos de los servicios y características que las criptodivisas contemporáneas ofrecen hoy en día. Nunca llegó a ser lanzada de forma oficial, pero sentó las bases de futuras monedas digitales con unas características que perviven en las criptomonedas actuales, como la utilización de prueba de trabajo para el minado.

También en 1998, Nick Szabo propuso un sistema financiero descentralizado que utilizaba elementos comunes a bitcoin, como bloques marcados con un *timestamp* y generados con prueba de trabajo. Todo ello en una cadena de bloques llamada BitGold. Al igual que ocurrió con b-money, no llegó a ser lanzada al mercado. De hecho, el *paper* de Nick Szabo nunca fue publicado oficialmente. Sin embargo, en un artículo de 2010, Satoshi Nakamoto escribió: *"Bitcoin es una implementación de la propuesta de Wei Dai, b-money en Cypherpunks en 1998 y de BitGold de Nick Szabo."*

En 2004, Hal Finney publicó *"RPOW – Reusable Proof of Work"* donde planteaba una prueba de trabajo reutilizable. Años atrás también había publicado *"Detecting Double Spend"* y *"Digital Cash and privacy"*.

Tan determinantes resultaron ser estos trabajos que Wei Dai y Nick Szabo, junto con Hal Finney, fueron los primeros desarrolladores a los que acudió Nakamoto para el desarrollo de su proyecto. Hal Finney, en concreto, prestó un apoyo entusiasta al proyecto. Descargó el *software* de bitcoin el día del lanzamiento y recibió la primera transacción: 10 BTC por parte de Nakamoto.

Finney, fallecido en 2014 y enfermo de ELA desde agosto de 2009, es otro de los candidatos a encarnar a Satoshi Nakamoto. Actualmente se encuentra criopreservado en la Alcor Life Extension Foundation a la espera de un tratamiento para su enfermedad.

En 2010 Nakamoto cedió el mando del proyecto a Gavin Andersen como desarrollador jefe de la Fundación Bitcoin. Actualmente el CEO de la fundación es Llew Claasen.

Es importante reseñar que muchos de los científicos citados en este capítulo, encabezados todos ellos por Chaum, han formado parte del movimiento Cypherpunk, un movimiento dirigido a preservar la identidad de los usuarios digitales mediante la criptografía.

En la lista de correos de Cypherpunk, los científicos más reputados divulgaban sus trabajos y compartían impresiones. Además, fue el lugar donde se creó el Manifiesto Criptoanarquista y el Cyphernomicon.

Algunos de los puntos más importantes del Manifiesto Criptoanarquista se resumen en las líneas siguientes:

"La privacidad en una sociedad abierta también requiere de la criptografía. Si digo algo, quiero que eso lo escuche solamente quien tengo la intención de que escuche. Si el contenido de mi

discurso está disponible para todo el mundo, no tengo privacidad. Encriptar o cifrar, es indicar el deseo de privacidad, por lo que encriptar o cifrar con criptografía débil es indicar que mi deseo de privacidad no es tan grande."

"Nosotros los cypherpunks estamos dedicados a construir sistemas anónimos. Estamos defendiendo nuestra privacidad con criptografía, sistemas anónimos de correo, firmas digitales y dinero electrónico."

"La privacidad es una necesidad para lograr una sociedad abierta en la era electrónica. La privacidad no es lo mismo que el secreto. Un asunto privado es algo que uno no quiere que todos sepan, pero un asunto secreto es algo que uno no quiere que nadie sepa. La privacidad es el poder de seleccionar revelarse al mundo cuando uno así lo decide."

"El modelo bancario tradicional logra un nivel de privacidad al limitar el acceso a la información a las partes involucradas y un tercero de confianza. La necesidad de anunciar públicamente todas las transacciones descarta este método, pero la privacidad aún puede ser mantenida mediante la rotura del flujo de información en otra parte: manteniendo anónimas las claves públicas. El público puede ver que alguien le está enviando una cantidad a alguien más, pero sin la información que liga la transacción a una persona. Esto es similar al nivel de información publicada por centros cambiarios, donde el momento y cantidad de intercambios individuales se da a conocer sin mencionar a las partes involucradas."

Los miembros de este movimiento llevaron a la práctica su filosofía llegando a conseguir, en última instancia, la creación de Bitcoin.

Recuerde los principales puntos de este capítulo:

Satoshi Nakamoto fue el creador de Bitcoin, pero se basó en el trabajo de grandes expertos en criptografía.

Monedas como DigiCash, b-coin y BitGold se consideran las predecesoras del actual bitcoin.

Adam Back desarrolló en 1997 un algoritmo para combatir el correo basura basado en la prueba de trabajo, base del Bitcoin.

El cálculo del código *hash* es muy costoso, pero la comprobación de si es correcto no consume apenas recursos

Muchos de los expertos en criptografía más importantes desde finales del siglo pasado, han formado parte del movimiento cypherpunk, un movimiento dirigido a preservar la identidad de los usuarios digitales mediante la criptografía.

Capítulo 3: Blockchain

"Mientras que la mayoría de las tecnologías tienden a automatizar el trabajo de los empleados en el extremo inferior del negocio, los que hacen tareas simples, las blockchains automatizan el núcleo. En lugar de dejar al taxista sin trabajo, la blockchain les permite trabajar directamente con el cliente y es Uber la que pierde la batalla."

Vitálik Buterin, programador y cofundador de Ethereum

Una vez conocidos los antecedentes y contexto histórico, es hora de entrar en materia y nada mejor que empezar por las cadenas de bloques; la base sobre la que se sustenta el resto del libro.

Una *blockchain* es una estructura de datos digital que se comparte de forma descentralizada entre todos los nodos de una red. Posee la característica de que una vez que una transacción se realiza (y verifica) no puede ser modificada. A partir de ese momento, todos los nodos de la red tienen una copia de la transacción. De esta forma, *hackearla* implicaría hacer lo propio en el 51 % de los nodos para que el resto diera por buena la modificación. Esto en la práctica es casi imposible.

Pero ¿cómo se realiza todo este proceso?

Todas las transacciones se deben alojar en bloques de tamaño fijo que se van encadenando. Son los mineros los encargados de realizar esta tarea y se llevan una recompensa por su esfuerzo de cómputo. Lo ideal es que un bloque se complete hasta alcanzar su tamaño máximo, pero esto no siempre sucede.

Cada transacción incluye un *timestamp* (información sobre el momento exacto en que se realizó la operación), información sobre el origen y el destino y un código *hash* que se crea a partir del contenido de la transacción actual y del *hash* de la transacción anterior.

En una *blockchain* no todos los nodos son iguales, sino que existen 4 tipos con funcionalidades específicas:

- *Full node*: Son nodos que guardan la *blockchain* completa.
- *Router node*: Son nodos que, aunque pueden guardar la *blockchain*, su principal misión es hacer funciones de enrutamiento.
- *Client node*: Son nodos que permiten a los usuarios comprobar si su transacción se ha llevado a cabo correctamente, de una forma simple y rápida.
- *Miners*: Son los nodos mineros que se encargan de calcular el código *hash*.

A continuación, se detallará un ejemplo de creación de bloques muy simplificado y, por tanto, no del todo preciso, pero que le ayudará a comprender los fundamentos de esta tecnología.

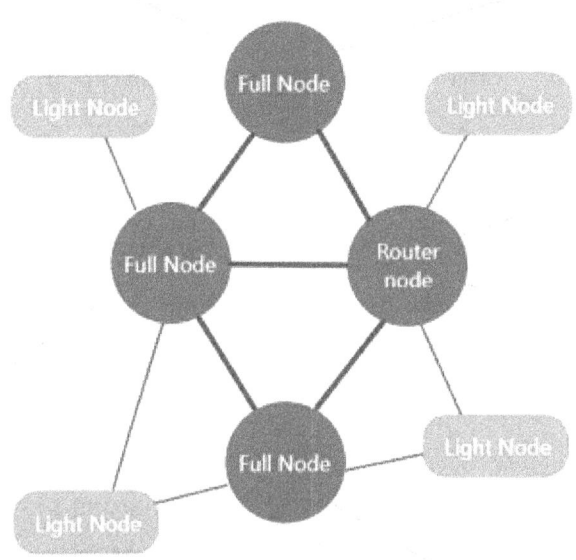

Figura 3.1 Distribución de nodos en una *blockchain*

Es mucho más sencillo cuando se explica con un ejemplo: Supongamos que cinco amigos (Antonio, Paco, Almudena, Elisa y Jaime) se han dispuesto a vivir juntos y necesitan llevar un registro del dinero que emplea cada uno en los gastos de la casa y realizar préstamos entre ellos. Necesitan un sistema que sea incorruptible y que no necesite a una tercera persona para validar las operaciones. Por simplicidad, supongamos que un bloque contiene una única transacción. Utilizan una función *hash* para crear un código que identifique de forma unívoca cada transacción. Además, la función *hash* tiene la particularidad de que calcular el código para el contenido de un bloque es una tarea difícil, pero comprobar que el código es válido es una tarea rápida y sencilla.

La *blockchain* comienza cuando Antonio presta 5□€ a Jaime, creando una transacción que incluye el emisor, el receptor, la cantidad transferida, un ID único y las tasas, entre otros:

La transacción se envía a la red, a la que pertenecen Antonio y Jaime y tras ser validada se incluyen en los bloques que los mineros pretenden añadir al sistema. El primer nodo que consigue el código *hash* lo envía al resto, que revisan si el *hash* es correcto. Este protocolo se denomina Prueba de Trabajo (*PoW*) y es utilizado para validar y encadenar las transacciones, así como recompensar a los mineros. De esta forma se llega al consenso entre nodos, el bloque queda como aparece en la siguiente imagen y el minero que generó el *hash* se lleva una recompensa. En este caso, como es el primer bloque, no se incluye el *hash* del bloque anterior.

block number	1
timestamp	11/11/2020 09:56:25.251
sender	Antonio
receiver	Jaime
amount	5 euros
last block hash	
hash	0x123123ADE3400

La siguiente transacción se produce cuando Almudena hace la compra semanal en un supermercado:

block number	2
timestamp	11/11/2020 10:03:55.003
sender	Almudena
receiver	Supermarket
amount	150 euros
last block hash	0x123123ADE3400
hash	

De nuevo llega hasta los mineros y el que más rápido obtiene el código *hash* (que esta vez se calcula con el contenido de la transacción actual y el *hash* del anterior) se queda con la recompensa, previa aceptación del resultado por el resto de nodos.

Ahora la *blockchain* tiene el siguiente aspecto:

block number	1
timestamp	11/11/2020 09:56:25.251
sender	Antonio
receiver	Jaime
amount	5 euros
last block hash	
hash	0x123123ADE3400

block number	2
timestamp	11/11/2020 10:03:55.003
sender	Almudena
receiver	Supermarket
amount	150 euros
last block hash	0x123123ADE3400
hash	0x1E5173ADE7900

Todos los participantes en la red reciben la *blockchain* completa.

Por último, Elisa invita a Paco a cenar en un restaurante. Se repite el proceso y la cadena de bloques queda de la siguiente forma:

block number	1
timestamp	11/11/2020 09:56:25.251
sender	Antonio
receiver	Jaime
amount	5 euros
last block hash	
hash	0x123123ADE3400

block number	2
timestamp	11/11/2020 10:03:55.003
sender	Almudena
receiver	Supermarket
amount	150 euros
last block hash	0x123123ADE3400
hash	0x1E5173ADE7900

block number	3
timestamp	11/11/2020 21:27:06.041
sender	Elena
receiver	Restaurant
amount	80 euros
last block hash	0x1E5173ADE7900
hash	0x23CBA328A1C00

Recuerde que toda esta cadena está replicada en todos los nodos de la red.

Si ahora Jaime decidiera *hackear* la cadena para modificar el préstamo que recibió de Antonio le sería realmente complicado.

Primero debería acceder al bloque inicial, realizar la modificación y calcular el código *hash*, lo que es una tarea que consume muchos recursos, pero es que además tendría que modificar los códigos *hash* de todas las transacciones posteriores. Esto no puede parecer muy complejo con solo tres transacciones, pero debe pensar en que existen millones de transacciones en una *blockchain*, por lo que el tiempo de cómputo sería elevadísimo. Se debe tener en cuenta que, cada cierto tiempo, se incrementa la complejidad de cálculo del *hash* y baja la recompensa que se obtiene por ello para afrontar las mejoras computacionales de los equipos informáticos, de forma que cada vez sea más difícil realizar un ataque.

Pero aun consiguiendo todo lo anterior, tampoco habría conseguido nada. El resto de nodos posee la copia original de la *blockchain* que no ha sido alterada. Para poder realizar el cambio tendría que convencer al 51 % de los nodos participantes para que el cambio sea aceptado. Volvemos a lo mismo, en una *blockchain* participan miles de nodos, por lo que la misión se torna en imposible. Eliminar o modificar una transacción implicaría un coste tan elevado que, hoy por hoy, es inviable.

Tenga en cuenta que en el ejemplo anterior se ha utilizado la *PoW* como protocolo de consenso. Este protocolo es el utilizado por Bitcoin, pero hay otros muchos con sus ventajas e inconvenientes. Aquí se definen los más importantes:

Prueba de Trabajo (*PoW*)

Es el protocolo de consenso estrella. Se utiliza en Bitcoin y fue desarrollado por Adam Back, tal y como vimos en capítulo dos. Los nodos centran todo su esfuerzo computacional en resolver un problema criptográfico y añadir el *hash* a la cadena. Su principal problema es el elevado consumo de recursos.

Prueba de Trabajo Reutilizable (*RPoW*)

Como se mencionó en su momento, *RPoW* es un algoritmo de prueba de trabajo creado por Hall Finney basado en el HashCash de Adam Back.

En este caso la prueba de trabajo en forma de *token* se puede cambiar por otra que permite enviarse a otro servidor que también requiere una prueba de trabajo. De esta forma se reduce el trabajo de los servidores.

Prueba de Participación (*PoS*)

Es una de las principales alternativas al *PoW*. En lugar de consumir recursos (el minero con más recursos tiene más posibilidad de solucionar el problema), los mineros compran *tokens*. Así el minero con más *tokens* tendrá más posibilidad de validar el bloque y, por tanto, recibir la recompensa. En resumidas cuentas, el dinero llama al dinero o los *tokens* llaman a los *tokens*. Es el protocolo de consenso utilizado en segunda versión de Ethereum.

Prueba de Tiempo Transcurrido (*PoET*)

Es un algoritmo pensado para *blockchains* privadas y no para criptomonedas. Facilita mucho el escalado de la red. Es una buena solución para procesos logísticos con mucho tráfico en los que necesiten mantener la trazabilidad sin ningún problema. Existe un controlador que, de forma aleatoria, selecciona a los nodos para que realicen la validación. Una vez que el controlador recibe el resultado de la operación criptográfica por parte del nodo seleccionado, la valida y la añade a la *blockchain*.

Para participar en la generación de bloques es necesario tener un procesador Intel, ya que es el único procesador que puede crear el tipo de números aleatorios aceptados por el sistema.

Prueba de Importancia (*PoI*)

La validación recaerá en el nodo que realice más transacciones y hagan los cálculos de forma más rápida. Aquellos serán los que harán el trabajo y se llevarán la recompensa.

En los párrafos anteriores se hace mención a la existencia de *blockchain* pública y privada que, junto con las híbridas, conforman los tres tipos de cadenas de bloques existentes en la actualidad:

Blockchain Pública

Son aquellas que son accesibles por cualquier persona que dispanga de una conexión a internet. Bitcoin y Ethereum son sus dos máximos exponentes.

Blockchain Privada

Desde la llegada de Bitcoin, muchas empresas e instituciones se han interesado en el funcionamiento de las *blockchains* y crearon las suyas propias accesibles solo para sus miembros y con sus propias particularidades. Generalmente no están descentralizadas, aunque sí distribuidas. Existe una autoridad central de control que es la que permite el acceso a los usuarios.

Blockchain Híbrida

Es un tipo de *Blockchain* mezcla de las dos anteriores. Son idóneas para mantener la trazabilidad y seguridad en unos elementos privativos que no deben ser modificados, pero pueden ser accesibles por un público muy amplio. Esto es, el acceso a la red está controlado, pero la lectura del contenido de la red se puede extender a un grupo de personas o, llevándolo al extremo, a todo usuario con conexión a Internet.

Tras conocer lo que nos ofrecen las *blockchains* es fácil adivinar que no solo es aplicable al ámbito de las criptomonedas, sino que se podría hacer a multitud de ellos, sobre todo a los que la trazabilidad y seguridad sea un requisito indispensable. Así, en un futuro cercano, lo veremos implementado en cadenas de producción, sistemas logísticos, registros de salud y cadenas de trazabilidad de alimentos y medicinas. Además, supondrá un espaldarazo al avance en el desarrollo del Internet de las Cosas, gracias al cual cualquier dispositivo podrá estar conectado a internet y la necesidad de seguridad, trazabilidad, inmutabilidad y tolerancia a fallos se deberá llevar al extremo.

Recuerde los principales puntos de este capítulo:

Una blockchain es una estructura de datos digital que se comparte de forma descentralizada entre todos los nodos de una red.

Una vez que una transacción se realiza (y verifica), se almacena en un bloque y no puede ser modificada.

Cuando se valida el bloque, se añade a la cadena.

Existen tres tipos de nodos: *full*, *light* y *miner*.

Todos los nodos de la red (excepto los *light nodes*) tienen una copia de toda la cadena de bloques desde el inicio de la *blockchain*.

Todos los nodos mineros compiten por calcular un código *hash* que será el que determine si el bloque es válido.

El cálculo del código *hash* es muy complejo y consume muchos recursos. Por ello se recompensa al minero que lo resolvió.

Los protocolos por los que todos los nodos compiten por encontrar la solución se denominan protocolos de consenso.

Capítulo 4: Comprendiendo Bitcoin

"Bitcoin es el principio de algo grande: una moneda sin un Gobierno, algo necesario e imperativo."

Nassim Taleb, matemático y escritor

El principal problema del capitalismo es que, en ocasiones, los intereses de los diferentes *stakeholders* que participan en un sistema se contraponen.

Pongamos como ejemplo una compañía que se dedica a la fabricación y venta de teléfonos móviles. Los *stakeholders* del sistema en el que trabaja dicha empresa son los trabajadores de la compañía, los clientes, los proveedores, la junta directiva y los accionistas. El objetivo último de la compañía es generar beneficios para sus dueños, para lo cual necesita vender un producto con una razonable relación calidad precio a sus clientes. Como todo el mundo sabe, los clientes quieren comprar al menor precio posible, lo que implica una presión a la baja sobre los rendimientos del trabajo de los profesionales que manufacturan el producto y sobre los precios de los proveedores. Además, no es poco común que el principal objetivo de la junta directiva sea el de conseguir sus bonos y mantener sus cuotas de poder y ello no tiene por qué estar ligado necesariamente a un mayor rendimiento para el accionista.

Bitcoin es una *blockchain* que, además de eliminar de un plumazo ese problema, nos permite no depender de terceros (ya sea un banco, Visa, MasterCard o PayPal) para que certifiquen una transacción de criptomonedas. Todas las partes participantes salen beneficiadas. Es un *win to win*.

Usted o yo, como usuarios, utilizamos esta criptomoneda ya sea como valor refugio, como inversión a largo plazo o como inversión especulativa. En cualquiera de los casos lo que necesitamos es una red rápida, segura y con bajos costes de transacción. Cuantas más transacciones se realicen, más mineros se verán recompensados por su esfuerzo de cómputo y no hay ninguna presión a la baja por parte de los usuarios para que el beneficio de un minero sea menor.

La infraestructura necesaria está disponible gracias a los nodos, que tienen la misión de validar un bloque, almacenar y guardar la *blockchain* y enviar la información al resto de nodos para que todo el sistema esté actualizado.

En Bitcoin existen los siguientes tipos de nodos:

Nodos Completos y Supernodos

Forman el *core* de la red. Cada bloque se verifica y almacena en ellos. Por tanto, en cada nodo de estos tipos se almacena toda la cadena completa desde el inicio de Bitcoin, desde la primera hasta la última. Son los encargados de la verificación y son claves en el mecanismo de consenso. Realizan también tareas de enrutamiento dirigiendo las cadenas hacia otros nodos.

Nodos de bajo peso o SPV (Simple Payment Verification)

Se conectan a nodos completos o a supernodos. Su finalidad es la de comprobar si una transacción se ha llevado a cabo correctamente de una forma simple y rápida. Necesitan pocos recursos para su funcionamiento.

Nodos mineros

Agrupan transacciones y las encapsulan en bloques. Una vez completo el bloque se envía a la red para su validación. Debido al alto coste que supone la creación del bloque, estos nodos reciben recompensas en forma de bitcoin y una comisión.

Todos estos nodos viven en una red descentralizada donde las decisiones se toman por consenso, funcionando sobre código abierto, lo que significa que cualquiera puede cambiar el código y mejorarlo para aportar mayor rapidez o seguridad. Ese nuevo código solo se impondrá al antiguo si a la mayoría de nodos de la red les parece conveniente. Esto otorga una gran autonomía a los nodos y, por tanto, el poder de introducir comportamientos no deseados en una transacción dineraria.

Por supuesto, todo lo anterior añade un grado de incertidumbre que hace pensar que es necesaria la aparición de una tercera parte confiable que certifique que una transacción se ha hecho correctamente, y que tanto emisor como receptor sean quienes dicen ser.

Pero ¿cómo ha conseguido Bitcoin eliminar la necesidad de que en una transacción haya un intermediario que de fe de que se ha realizado correctamente?

La solución a cómo transmitir información de forma segura en un entorno hostil ha sido estudiada y resuelta mucho antes de la aparición del Bitcoin. Este problema de seguridad, asociado a los sistemas distribuidos se conoce como el **Problema de los Generales Bizantinos**. Este dilema trata de resolver la transmisión de un mensaje entre dos o más elementos pasando por un sistema no confiable en el cual la información puede ser alterada. Un grupo de generales bizantinos se encuentran atrincherados alrededor de una ciudad sitiada que pretenden conquistar. Los generales, acampados en lugares alejados dentro del cerco, deben estudiar y acordar un plan de ataque. Para ello utilizan mensajeros que envían sus diferentes opiniones sobre cuál sería la mejor forma de lograr el objetivo. Además, entre los generales puede haber algún traidor que envíe información errónea sobre el enemigo. La solución a este problema es la de encontrar un algoritmo que permita que todos los generales leales puedan acordar un plan de ataque y no se vean interferidos por los planes de los traidores.

Bitcoin resuelve este problema con el algoritmo de prueba de trabajo, mencionado en el capítulo anterior.

En este caso, los generales leales (los nodos legítimos) pretenden decidir si una transacción es válida o no, y no se pueden dejar influir por los nodos traidores.

El algoritmo basa su fuerza en la minería. Los nodos de la red se disponen a resolver un problema matemático creado con una función *hash*. Es muy complejo y toma mucho tiempo de cómputo. Además, incluye en él un *timestamp* con la hora de la transacción. Dado que hay un considerable gasto de recursos, el nodo que consiga resolverlo se llevará una recompensa en forma de bitcoin y una pequeña comisión.

Todos los nodos mineros conectados a la red trabajan al unísono para resolver el problema hasta que uno de ellos encuentre la solución. La complejidad es tan alta que se estima un tiempo de minado de 10 minutos, tras el cual crea un nuevo bloque de 1 MB que incluye las transacciones que se consideran confirmadas. Se envía entonces al resto de nodos (nodos completos o supernodos) que proceden a verificar la información. Esta verificación del cumplimiento de los requisitos exigidos por parte de los otros nodos es muy rápida. Si los cálculos son correctos, la red comprueba que no se trate un doble gasto. En caso de que la solución sea errónea o se trate de un doble gasto, se impide el acceso a la red y se rechaza la cadena. Si la solución es correcta y no se trata de un doble gasto, se valida y almacena la información, se da acceso a la red para reenviar la información y se recompensa al minero.

Dado que la capacidad de computación de los nodos se ve incrementada con el paso del tiempo, gracias a la aparición de mejoras tecnológicas, cada 2.100 bloques se realiza un recálculo de la capacidad de minado, aumentando la complejidad del problema a resolver en caso de que sea necesario. De esta forma, se garantiza que el tiempo de minado se mantiene estable.

Es fundamental, por tanto, que la resolución del problema sea costosa en términos de tiempo de computación y, sin embargo, la verificación sea inmediata.

Este algoritmo de consenso hace que Bitcoin sea vulnerable a un ataque del 51 %, pero tal y como se ha explicado anteriormente, no es factible. Actualmente existen más de 10.000 nodos completos en la red Bitcoin. Para realizar este ataque se necesitaría controlar al menos 5.100. Además, debería poseer una buena cantidad de nodos mineros con una capacidad de cómputo muy elevada para crear el bloque. Si ya de por sí esto tiene un coste elevado, el propio protocolo *Blockchain* elevaría el coste de cómputo, por lo que resulta inviable, al menos hasta la popularización de los ordenadores cuánticos.

Un término interesante que no se ha comentado hasta ahora es el *halving*. No existe traducción literal al castellano, pero se podría definir como un mecanismo automático de reducción a la mitad de las recompensas por el minado de bitcoins, que se produce cada 210.000 bloques.

En sus inicios, Satoshi Nakamoto estableció un límite máximo de 21 millones de bitcoins que irían siendo liberados a medida que se realizaran transacciones y los mineros fueran trabajando.

Al principio, la recompensa por minar un bloque (lo que podía realizarse con un PC normal) se situaba en los 50 BTC. Actualmente se necesita una alta potencia de cálculo para crear ese mismo bloque, y la recompensa es de 6,25 BTC.

Mediante esta técnica se asegura que mientras los valores de bitcoin sean pequeños, la recompensa sea alta, mientras que, con el crecimiento de la red y del número de bloques (lo que implica mayor demanda y mayor precio) los valores de bitcoin serán elevados y, por tanto, la recompensa en BTC es más pequeña.

Una vez que se hayan alcanzado los 21 millones de bitcoins, los mineros solo se verán remunerados con las comisiones.

Uno de los objetivos iniciales de Nakamoto fue contener la inflación. Así, el hecho de acumular BTC a la espera de que siga subiendo, debido al aumento de la demanda y la bajada de la oferta a causa de los *halvings*, contribuye de forma soterrada al ahorro y a contener, por tanto, la inflación.

Recuerde los principales puntos de este capítulo:

Bitcoin es una gigantesca base de datos de código abierto que almacena una cadena de bloques de forma descentralizada y toma las decisiones por consenso.

Existen cuatro tipos de nodos: Supernodos, completos, SPV y mineros.

Resuelve el problema de los generales bizantinos con el protocolo PoW.

Los mineros de bitcoin compiten entre ellos por la resolución de un problema criptográfico que tarda en resolverse unos diez minutos. El nodo que lo resuelve recibe una recompensa.

Cada nuevo bloque incluye todas las nuevas transacciones que se hayan confirmado desde el último minado. Su tamaño es de un Megabyte.

El nodo minero que resuelve el problema envía al resto de nodos el nuevo bloque para su validación. Si se comprueba que es correcto, se almacena y se reenvía por toda la red. Si es incorrecto, se rechaza.

Cada 2.100 bloques se realiza un recálculo de la capacidad de cómputo de la red para aumentar la complejidad del minado en caso necesario.

Cada 210.000 bloques se produce una reducción en la recompensa entregada a los mineros.

El suministro total de Bitcoin será de 21 millones cuando se realice el último minado.

Capítulo 5: Minería. ¿Merece la pena?

"Si no encuentras una forma de ganar dinero mientras duermes,
trabajarás hasta el día de tu muerte."

Warren Buffett, economista e inversor

En el capítulo anterior se introdujo el concepto de minería. A estas alturas tenemos claro que:

- La minería es el trabajo que realizan todos los nodos mineros para resolver un acertijo matemático complejo, que se emite en la red cada 10 minutos, que es más o menos el tiempo que se tarda en resolver.

- De todos los nodos, aquel que solucione el problema de forma correcta (y sea validado por los nodos completos) se llevará la recompensa.

- Minar conlleva un elevado esfuerzo computacional y gasto de recursos energéticos.

- Cada 210.000 bloques se reduce la recompensa a la mitad. Actualmente se encuentra en 6,25 BTC por bloque minado.

- Cada 2.100 bloques se recalcula la capacidad de cómputo de la red para adaptar la complejidad del problema a la nueva realidad.
- Cada vez es más complejo minar un bloque y la cantidad de bitcoins recibida es menor.

Después de todas estas afirmaciones, cabe plantearse algunas interrogantes: pero... ¿Esto cómo se hace realmente? ¿Me vale el PC de casa? ¿Hay otras alternativas? ¿Merece realmente la pena? ¿Estaré derrochando electricidad?

En este capítulo se dará respuestas a todas esas preguntas además de presentar calculadoras que facilitan el proceso.

Para minar bitcoins primero debemos hacernos con un nodo minero. Para ello hay dos posibilidades: comprar o alquilar HW. Además, una vez se ha decidido por una de estas opciones, se puede optar por participar en un *pool* de minería o no. Veamos caso por caso.

COMPRA DE HW

Hasta el año 2013 era posible minar BTC con un equipo casero con una buena CPU y una tarjeta gráfica potente o bien con una FPGA (Field Programmable Gate Array). Estos últimos son unos pequeños dispositivos de arquitectura reprogramable, lo que es una ventaja nada desdeñable porque implica que se pueden optimizar y, además, orientar a un propósito específico. En este caso el minado de BTC. Son dispositivos baratos y de bajo consumo. Permiten crear una granja a un precio razonable y, lo mejor de todo es que se pueden "reinventar". Si pasado un tiempo las características del equipo no son suficientes para minar Bitcoin, siempre podrá reprogramarlo para minar otra criptomoneda que necesite menos recursos. Estos dispositivos se suelen programar en VHDL y Verilog.

Las FPGAs más utilizadas son las Xilinx serie Spartan. Son dispositivos de una potencia aceptable que pueden trabajar en paralelo con otras unidades, multiplicando así su capacidad de cómputo. Ofrecen unas prestaciones de hasta 1.25 GB/s y se pueden comprar por unos 135 $ la unidad.

Aun hoy en día se utilizan para minado a baja escala, sobre todo para otras criptomonedas diferentes a bitcoin.

A partir de 2013 se pusieron a la venta los ASIC, y hoy en día es lo mínimo que se puede poseer para poder llevar a cabo este trabajo con bitcoin.

Un ASIC (Application-Specific Integrated Circuit), o en castellano Circuito Integrado para Aplicaciones Específicas, es un dispositivo con un conjunto de procesadores diseñado y optimizado específicamente para un propósito concreto, en este caso el minado de Bitcoin, aunque también existen para el minado de otras criptomonedas como ETH y otras aplicaciones no relacionadas con el mundo cripto.

A diferencia de las FPGAs, están diseñadas para un propósito específico y no son reprogramables por lo que una vez que queden obsoletas, será difícil darle algún uso.

Son dispositivos caros y difíciles de encontrar en el mercado. Presentan un gasto energético muy, muy elevado y necesitan equipos de refrigeración también costosos. Junto al problema del consumo eléctrico, la principal desventaja es que la obsolescencia de estos productos es muy elevada, ya que se necesita mantener una capacidad de cómputo mayor que el resto de nodos para poder minar satisfactoriamente y depende mucho de los avances tecnológicos en el HW, que como todos sabemos son bastante rápidos.

Existen grandes marcas que producen ASICs de calidad, pero las más reconocidas son Canaan, que son más económicos y presentan una potencia elevada, y Bitmain, que controla el 90 % de la venta de estos dispositivos y las mayores granjas de minado de mundo situadas en China y Rusia.

A continuación, se exponen las características de dos de los ASICs más vendidos:

Canaan Avalon 1047 37 TH/s Bitcoin Miner

- Gama media.
- *Hashrate*: 37 TH/s.
- Consumo de energía: 2380 W -5 %...+8 %.
- Refrigeración por aire.
- Precio: 600 $.

Bitmain Antminer S19 95 TH Bitcoin Miner

- Gama alta.
- *Hashrate*: 95 TH/s.
- Consumo de energía: 3250 W -10 % ...+10 %.
- Refrigeración por aire.
- Precio:3.800 $.

Bitmain Antminer S19 Pro

- Gama alta.
- *Hashrate*: 110 TH/s.
- Consumo de energía: 3.500 W.
- Refrigeración por aire.
- Precio: 3.500 $.

La acumulación de granjas de minado en China y Rusia, donde se concentra una altísima potencia computacional y los precios de la electricidad son baratos hacen que el minado por esta vía no merezca realmente la pena, ya que además de la elevada inversión en metal (HW), entra en liza otro factor que es determinante: el precio del KWh.

Veamos dos ejemplos de rentabilidad de minado, dejando atrás el tema impositivo, al que se le dedicará el capítulo 14, haciendo uso de una calculadora específica (www.cryptocompare.com) y suponiendo un precio kWh similar al caso español: 0,1 €. Además, se da por hecha la participación en un *pool* (más adelante se hablará de ello) con una comisión del 1 %.

Para la participación en España con un Bitmain Antminer S19 pro con una *hashrate* de 110 TH/s con un precio de compra de 3.500 $ (2.900 €), se obtendría una rentabilidad mensual de unos 115 €, lo que equivale a 1.380 € anuales. Si se tiene en cuenta que el beneficio será menor año tras año debido a que el *hashrate* será cada vez más bajo que la del resto de competidores, se necesitarían en torno a 3 años para recuperar la inversión. No parece una buena alternativa.

Probemos ahora en un país con tarifa eléctrica más barata como México, donde el precio ronda los 0,08 $ por kWh. Allí la rentabilidad mensual ascendería a los 160 € al mes, o lo que es lo mismo 1.920 € al año. En tal caso, la inversión se recuperaría antes de los dos años, pero tampoco parece que merezca realmente la pena.

Sin embargo, en China con una media de 0,04 $ por kWh, los resultados son bastante más atractivos: 243 € al mes con un total de 2.916 € al año, cubriendo así la inversión en solo 12 meses y teniendo, al menos otro año más para seguir aprovechando la máquina. En este último supuesto, sí valdría la pena estudiar la posibilidad de invertir en la compra y contemplar los riesgos como la volatilidad del BTC, lo que puede hacer, como ya ocurrió en abril de 2020, que ante una gran caída del precio del bitcoin muchos mineros tuvieron que apagar sus máquinas.

Un país en el que minar bitcoins es realmente barato es Venezuela, donde la electricidad es casi gratis. Con la configuración mencionada anteriormente se podrían obtener cerca de 4.000 € al año, pero la corrupción instaurada en el país no hace recomendable pensar en ello porque, una vez que un minero se registra, hay altas probabilidades de que le incauten los equipos.

Afortunada o desafortunadamente no vivimos ni en China ni en Venezuela, así que pasemos a la siguiente opción.

Hasta ahora se ha estudiado la alternativa de comprar uno o varios dispositivos y comenzar a minar en solitario, pero siempre existe la posibilidad de asociarse a un *pool* de minería.

Un *pool* de minería es una agrupación de mineros que concentran sus esfuerzos para minar bloques, en este caso de Bitcoin, haciendo uso de un servidor al que todos los mineros se conectan, perdiendo así su característica descentralización. El hecho de participar en un *pool* permite recibir pequeñas partes de recompensas que no sería posible obtener fuera de él, con lo que los bitcoins recibidos aumentan de forma considerable con respecto a la opción individual.

Para poder participar en un *pool* es necesaria la instalación de un *software* específico como cgminer, aunque existen muchos otros. Una vez instalado y configurado se recibirán las monedas en la dirección que se haya indicado.

El mayor *pool* minero del mundo actualmente es Antpool, está controlado por la empresa China Bitmain, que a su vez controla el 90 % de los ASICs. Acapara el 12 % de la capacidad de minado global. Es un servicio gratuito que ofrece alta seguridad y soporta bitcoin y otras criptomonedas.

Ofrece diferentes métodos de obtener ganancias con unas comisiones que no son muy elevadas:

- PPS/PPS+: Las ganancias obtenidas por un usuario se basan en la energía gastada por su nodo. La comisión es del 2,5 %
- PPLNS: Las ganancias se establecen en función de la contribución media que el usuario haya aportado al *pool* durante un periodo de tiempo. La comisión en este caso es del 1 % al día.

La opción de adherirse a un *pool* minero es objetivamente mejor que la de minar en solitario, pero aun así puede que los rendimientos obtenidos no sean suficientes para cubrir la inversión en el HW necesario.

Esta alternativa tiene dos grandes inconvenientes: Se necesita un mínimo de conocimiento de programación y de redes informáticas y, sobre todo, no se debe olvidar que se depende de un único servidor. Al renunciar a la descentralización para mejorar el rendimiento minero, se asume el riesgo de que el grupo que controle el *pool* se quede con todo lo minado. Desgraciadamente, ha ocurrido más de una vez.

CLOUD MINING

Vistas las características del minado convencional, parece que no es la mejor de las alternativas, pero existe una opción para aquellos que no quieren hacer una inversión en complejos aparatos informáticos: el alquiler.

Desde hace tiempo existen plataformas que alquilan un porcentaje de la capacidad de producción de una granja y pagan al usuario el mismo porcentaje de los beneficios obtenidos. Claro está que al existir un intermediario las rentabilidades potenciales no son muy altas. De hecho, si alguien se decide por este tipo de minado es mucho más recomendable que opte por monedas como Ethereum o Litecoin, que ofrecen mayores beneficios.

El número de empresas que ofrecen estos servicios es gigantesco, pero solo unas pocas son realmente lo que dicen ser. El resto suelen ser estafas piramidales y esquemas Ponzi.

Por ello, en este capítulo se incluyen algunas de las principales compañías que sí son realmente fiables. Otra cosa es que el rendimiento que ofrecen merezca realmente la pena o no.

Genesis Mining

Es la principal y más grande compañía de minería en la nube, lo que es una garantía en cuanto a la seguridad. La atención al cliente es buena y existe una web en español. Permite el minado de otras monedas como ETH.

Dependiendo del momento podrá encontrar diferentes ofertas. A veces su stock se agota y no pueden ofrecer minería en bitcoin o cualquier otra moneda hasta que les quede capacidad libre.

Para bitcoin ofrecen contratos que se basan en un único pago inicial. En la página web existen a día de hoy 3 tipos de 18 meses de duración:

- Contrato oro: 3 TH/s por 139 $.
- Contrato platino: 35 TH/s por 1.544 $.
- Contrato diamante: 140 TH/s por 5.880 $.

Además, se cargarán comisiones de mantenimiento del 28 % de los bitcoins obtenidos.

Utilizando una calculadora de ganancias de BTC, como el ofrecido por 99bitcoins.com, se comprueba que, con el más caro de los contratos, se obtendría una cantidad de bitcoins equivalente a 6.100 $ al año (a precio de noviembre de 2020), lo que equivale a 9.150 $ a la finalización del contrato.

Por tanto, el beneficio esperado sería: 9.150 $ obtenidos al minar, a los que habría que descontar 5.880 $ del precio del contrato y 1.470 $ de comisiones de mantenimiento. De esta forma, su inversión ocasiona una ganancia de 1.800 $, siempre y cuando el precio del BTC se mantenga estable, lo que es bastante improbable.

Si cuando vaya a consultar la web los precios han cambiado, simplemente repita los cálculos aquí realizados.

StormGain

Presenta algunas ventajas como un buen motor anti fraude, pagos estables y buena atención al cliente. El minado es gratuito, pero a una velocidad realmente baja. No se ofrece como un producto en sí, sino como un valor añadido para los usuarios que ya tienen una cuenta de *trading*. La capacidad de minado se incrementa en función de las aportaciones que se realicen a la cuenta de *trading* (desde 15 $ hasta 15.000 $ mensuales). Todas las ganancias se podrán retirar, pero solo para operar dentro de su aplicación.

CCG Mining

Esta plataforma también permite el minado de otras criptomonedas como ETH o Litecoin.

Ofrece contratos desde un año con 25 TH/s por 1.991 $ con una comisión diaria por TH/S de 0,17 $, lo que serían unos 1.551 $ de comisión total al cierre del contrato.

Los beneficios estimados después de un año serían de unos 1.089 $, lo que resulta a todas luces, un negocio ruinoso.

De los ejemplos anteriores se infiere que es necesario estudiar con detalle las comisiones. En el caso de Genesis, existe otro tipo de contrato similar al de CCG, pero con una comisión de 0,15 $ por TH/s. Si se repiten los cálculos anteriores, se puede comprobar que se producirían cuantiosas pérdidas.

A modo de conclusión, se puede afirmar que, dada la volatilidad del precio del bitcoin, si realmente está interesado en obtener beneficios mediante bitcoin, debería prestar especial atención al tercer bloque de este libro, dedicado la inversión en criptomonedas, que le ayudará a obtener rentabilidades, en algunos casos de doble dígito, con la ventaja de tener total liquidez en la mayoría de productos a los que puede acceder.

Recuerde los principales puntos de este capítulo:

Hoy por hoy no es posible minar con un PC. Es necesario comprar o alquilar HW específico.

La rentabilidad de la minería depende del precio de la luz, lo que hace que en la mayoría de países la inversión no merezca la pena.

Participar en un *pool* de minería suele ser más rentable que hacerlo de forma individual. Aun así, invertir en productos DeFi o criptomonedas es más ventajoso por regla general.

Antes de realizar cualquier inversión en HW o *cloud mining* es muy recomendable hacer una simulación de la misma en cualquiera de las calculadoras que se han incluido en el capítulo.

BLOQUE II: ETH Y OTRAS ALTCOINS. TOKENIZACION

Capítulo 6: Génesis de Ethereum.

Para mí está claro que Ethereum es la nueva moneda de Internet. Está muy por delante de donde PayPal estuvo en su día, y es mucho más excitante para sus clientes de lo que PayPal nunca fue."

Gil Penchina, ex CEO de Wikia y vicepresidente de eBay

Ethereum es la demostración empírica de que nadie sabe hasta dónde puede llegar un genio con tiempo libre hasta que lo cabreas. Da igual si tiene 17 años.

Vitálik Buterin, un chico ruso de 16 años que emigró a Canadá a los 6, era un jugador entusiasta de World of Warcraft, un juego de rol multijugador en línea. De pronto, y sin previo aviso, los creadores del videojuego cambiaron las características del personaje con el que jugaba nuestro adolescente. Vitálik pasó la noche entera llorando por el maldito cambio y desde ese momento comprendió lo dura que es la vida o, mejor dicho, los problemas que conllevan los sistemas centralizados. WoW perdió para siempre un jugador y el mundo ganó a un virtuoso de las matemáticas con ganas de cambiar el mundo.

Poco después, Buterin conoció Bitcoin de manos de su padre, informático de profesión. No fui yo el único en equivocarse. Él también pensó que no tenía futuro como moneda, pero el hecho que estuviera fuera de las garras de un gobierno o una corporación, le resultó muy atractivo.

Figura 6.1 Vitálik Buterin

Se introdujo en el mundo Bitcoin participando en foros y asistiendo a conferencias. Incluso fundó la revista Bitcoin Magazine junto con Mihai Alisie. En 2013 abandonó los estudios universitarios para participar en proyectos alrededor de bitcoin y recibió una beca Thiel para emprendedores que dejan la universidad con el objetivo de desarrollar un proyecto prometedor, con una cuantía de 100.000 $. A finales de ese mismo año ya pensaba que la funcionalidad de Bitcoin se quedaba corta, que era incompleta. Creía que era posible expandir su uso gracias a una nueva capa encima del protocolo donde ejecutar código. De pronto, lo que era una simple moneda se podía convertir en algo mucho más vivo y complejo que tomara decisiones automáticas según unas reglas preestablecidas llamadas contratos inteligentes. Estaba llegando el uso de las *blockchains* para otros propósitos diferentes al de facilitar las transacciones monetarias: nacía el concepto de *token*.

Todo se desencadenó muy rápidamente tras la publicación de su *whitepaper "A Next Generation Smart Contract & Decentralized Application Platform"*. Junto con Gavin Wood y Joseph Lubin creó el proyecto Ethereum, lanzando por primera vez en la historia una ICO (Initial Coin Offering) para obtener financiación. En julio de 2015 se lanzó la red Ethereum Frontier, una especie de red de test que permitía a los desarrolladores de todo el mundo empezar a crear proyectos basados en *smart contracts* y *tokens*. En marzo de 2016 se lanza Ethereum Homestead como una red estable y, un mes después, se alcanza un hito que merece ser grabado con letras de oro en la historia empresarial, se lanza la primera DAO (Organización Autónoma Distribuida): una empresa de gestión totalmente automatizada y descentralizada donde las decisiones se toman en función de un contrato inteligente. En menos de un mes el proyecto había recaudado 150 millones de dólares por parte de 11.000 inversores

El 26 de mayo de 2016, Dino Mark, Vlad Zamfir y Emin Gün Sirer publican *"A Call for a Temporary Moratorium on The DAO"*, un informe donde se advierte de vulnerabilidades en el código de la organización autónoma y pedía una moratoria. Habían descubierto un problema de doble gasto que podía ser aprovechado por algún usuario. Así fue. La noche del 17 de junio de 2016 un programador consiguió derivar hacia su cartera más de 3 millones de ETH (unos 50 millones de dólares), un tercio de la inversión total.

Ante la magnitud del desastre se debía tomar una decisión rápida y se hizo, no sin polémica, ya que se violaba el espíritu mismo de Ethereum: desharían los cambios en la *blockchain*, ésa que en teoría es inmutable, hasta el día antes del ataque y pasar todos los ETH a otra DAO. De esa forma los inversores recuperarían sus *tokens*. Sin embargo, para realizar dicha tarea se debía someter al consenso de todos los participantes de la red. La mayoría de usuarios aceptaron la propuesta, una minoría no. Desde ese momento existen dos *blockchains* de Ethereum: ETH y ETC, siendo esta última la original que no se corrigió. Los usuarios que disponían de ETH de pronto vieron como sus *tokens* se duplicaron por existir ahora en la *blockchain* antigua y la nueva.

Lo más curioso del asunto es que el programador en ningún momento cometió un delito, se limitó a ejecutar un código que estaba disponible, aunque fuera erróneo. La *blockchain* per se, continuaba siendo tan segura como siempre, el fallo provenía de la programación del contrato.

Posteriormente se produjeron dos bifurcaciones más, pero sin el impacto de la primera.

Actualmente, la Enterprise Ethereum Alliance (EEA), creada en 2017, fomenta la adopción y utilización de Ethereum en las organizaciones y potencia su ecosistema para impulsar el desarrollo de nuevas oportunidades de negocio.

La alianza está compuesta por 159 miembros de la talla de Accenture, Intel, Microsoft, ING Bank, Banco Santander, New

York Mellon, CoinCircle, LG CNS, PricewaterhouseCoopers, Quanttstamp o VMware, entre otros.

Recuerde los principales puntos de este capítulo:

Ethereum es un proyecto creado por Vitálik Buterin tras comprobar que Bitcoin tiene algunas limitaciones.

Mediante una capa superior de programación consiguió extender los usos de una nueva moneda (*token*): el ETH.

En 2016 se lanzó la primera DAO basada en ETH: una empresa de gestión totalmente automatizada y descentralizada donde las decisiones se toman en función de un contrato inteligente. Debido a un fallo de programación de la DAO se produjo una sustracción de 15 millones de dólares. La solución tomada propició el primer *hardfork* de ETH. Desde entonces conviven ETH y ETC.

Enterprise Ethereum Alliance (EEA), creada en 2017, fomenta la adopción y utilización de Ethereum en las organizaciones y potencia su ecosistema para impulsar el desarrollo de nuevas oportunidades de negocio.

Capítulo 7: Comprendiendo Ethereum

"El lado técnico de la eficacia de Ethereum es un ejercicio 100% de ingeniería."

Vitálik Buterin, programador y cofundador de Ethereum

Ethereum no es más que una plataforma de software abierto sobre una *blockchain*. El hecho de ser de código abierto implica que cualquier desarrollador puede usar, modificar y distribuir el código a su antojo con la riqueza que eso crea tanto en el tamaño de la comunidad de desarrolladores, en las mejoras que estos crean y en la programación de nuevas aplicaciones distribuidas llamadas DApps. Éstas se desarrollan en lenguajes como Solidity, Servent, Mutant, Python o Javascript, y ejecutan su código sobre la cadena de bloques.

Al igual que la red Bitcoin, la red Ethereum utilizó en sus inicios la Prueba de Trabajo como protocolo de consenso, aunque desde el día 1 de diciembre de 2020 cuando se lanzó la versión 2.0 "Serenity", se empezó a utilizar la Prueba de Participación (PoS) en el nuevo Beacon Chain que gestiona el registro de validadores para el PoS. Cuando la red Ethereum 2.0 esté totalmente desplegada será más escalable, permitirá un mayor número de transacciones y será mucho más eficiente energéticamente. No será hasta mediados de 2021 cuando la implantación de PoS sea una realidad. Mientras tanto, la *blockchain* que usa PoW seguirá estando vigente.

Ethereum también tiene su propia "moneda", el Ether (ETH), pero tiene una finalidad muy diferente a la del bitcoin. El objetivo del ETH es ser el motor que mueve a un mega ordenador descentralizado. Ese supercomputador es el responsable de ejecutar los contratos inteligentes.

Existe una gran diferencia en cuanto a la circulación de bitcoins y ethers, porque si bien la primera limita su producción a 21 millones de bitcoins, Ethereum no tiene ningún límite en cuanto al número de *tokens*. En cualquier caso, ya se empieza a hablar de la necesidad de fijar un número máximo. En abril de 2020 Vitálik Buterin marcó una cifra de 120 millones como razonable y necesaria.

Como se ha mencionado anteriormente, la principal diferencia respecto a bitcoin es la existencia de una capa superior llamada Ethereum Virtual Machine (EVM) que es capaz de ejecutar algoritmos complejos, llamados *smart contracts*, en todos los nodos de la red. El hecho de que se ejecute en todos los nodos implica una limitación de procesado que empezó siendo de 15 transacciones por segundo en 2016 y que llegará a ser de 100.000 gracias a la llegada de Serenity.

La red Ethereum es lo que en teoría de computación se llama una "Turing completa". Por hacer un equivalente, cualquier ordenador actual también lo es.

Si en la red bitcoin se creaban bloques a partir de una serie de transacciones, en la red ETH se traza en la *blockchain* el estado de unas entidades llamadas cuentas, que poseen una dirección única y que pueden almacenar un saldo de ETH. Existen dos tipos:

Externally Owned Accounts (EOAs) o Cuentas Externas

Son cuentas de claves privadas que se controlan externamente. No tienen capacidad para ejecutar código, pero pueden desencadenar transacciones. La clave privada se utiliza para firmar la transacción permitiendo así que se consuman ETH y se ejecute el código del contrato. Una vez firmada, la transacción se envía a la red, propagándose por todos los nodos de la red Ethereum.

Contract Accounts o Cuentas Contrato

Estas cuentas tienen un código de programación asociado que se ejecuta tras la llegada de una transacción o un mensaje desde otra cuenta (contrato o externa). Un mensaje es similar a una transacción, pero producido por una cuenta contrato. Son una especie de transacciones internas

Una vez que una cuenta contrato se activa, ejecuta su código en la EVM en todos los nodos de la red al mismo tiempo. Básicamente, es un programa que puede tener cualquier tipo de complejidad, ejecutándose en todos y cada uno de los nodos. Para evitar, por tanto, el mal uso de la misma cada operación dentro de la red implica un coste llamado gas que debe ser pagado con Ethers. Así se evitan también problemas como los bucles infinitos debidos a una mala programación.

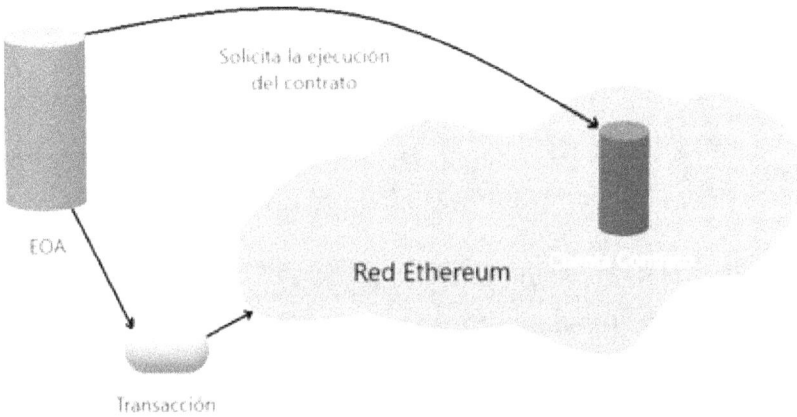

Figura 7.1 Transacciones en Ethereum

Se paga una cantidad de gas determinada por cada paso que tenga el contrato por lo que, a mayor complejidad, mayor precio. Cada contrato tendrá asociado un coste máximo en forma de gas, llamado gas limit. Así cuando una cuenta externa abre una transacción, debe enviar una cantidad de gas para cubrir los gastos (incluidos los de validación y creación del paquete por parte de los mineros) y, en caso de que tras la finalización de la transacción exista un excedente, se le devuelve al emisor.

Cada transacción se compone de:

- Firma del emisor.

- Receptor.
- Mensaje (opcional).
- Gas necesario para transmitir hasta el receptor.
- *Gas price*: precio que está dispuesto a pagar el emisor por cada paso. Suele ser un poco más alto del coste estimado, ya que así el usuario se asegura que se acepta la transacción.
- *Gas limit*: número máximo de pasos que se le permite dar a la transacción. Si el gas consumido excede este valor, todos los cambios realizados son revertidos.

Los mineros que validan un bloque reciben el gas consumido en la ejecución de todas las transacciones incluidas más 2 ETH. Los nodos que están a punto de generar un bloque, reciben una recompensa llamada "bloque tío".

Hay que decir que, si bien un bloque de bitcoin tiene un tamaño fijo de 1⬜MB, el tamaño de los bloques Ethereum vienen limitados por un gas máximo de 1.500.000. Recuerde que el minado será posible mientras el algoritmo de consenso PoW siga vigente. A lo largo de 2021, si no hay más retrasos, se establecerá de forma definitiva el uso exclusivo de PoS y los mineros solo recibirán una pequeña comisión por su trabajo.

En el futuro de Ethereum, los validadores, que deberán poseer al menos 32 ETH para ejercer esa función, serán los que se lleven las recompensas.

A mayor número de ETH se incluyan en el *stake* y mayor tiempo se lleve participando, mayor probabilidad de ser seleccionado como validador. Estos nodos (se necesitarán más de 16.000 validaciones) serán los que confirmen el bloque y lo añadan a la *blockchain*. Por todo ello se llevarán una recompensa. Ethereum 2.0 prescinde de la minería para construir un sistema robusto y seguro por el que sus participantes recibirán ingresos pasivos. Los mineros solo obtendrán las recompensas relacionadas con el gas consumido en las transacciones. Por todo esto, es previsible que haya una migración de mineros de ETH a otras plataformas.

Las recompensas para los validadores oscilarán entre el 1% y el 19%. Será proporcional a la cantidad participada e inversamente proporcional al número de validadores. Con este nuevo modelo no será necesario ningún HW por parte del usuario medio. Simplemente necesitará una cartera donde depositar los ETH y participar en un *pool*. Además, para participar en ellos no necesitarán aportar 32 ETH, sino que lo podrán hacer con cualquier cantidad. Sus recompensas se obtendrán en función de lo aportado.

Al final, se convierte la antigua minería en un servicio financiero descentralizado mediante el cual se obtienen ingresos pasivos. Es una herramienta que ya usan algunos *exchanges* para otras criptomonedas o, como se verá en el capítulo 12, lo que hace Uniswap con diversos *tokens*. Algunos críticos piensan que, a la larga, la red Ethereum perderá su descentralización debido a este mecanismo. El tiempo dirá quién tiene la razón.

Otro cambio sustancial que se dará en 2021 será la fragmentación de la *blockchain* en cadenas de bloques más pequeñas de forma que se podrán ejecutar transacciones en paralelo. Este mecanismo, conocido como *Sharding*, es el que permitirá alcanzar las 100.000 transacciones por segundo.

Recuerde los principales puntos de este capítulo:

Ethereum es una plataforma de software abierto sobre una *blockchain*.

Implanta una EVM que ejecuta los contratos inteligentes en todos los nodos de la red.

Utilizó en sus inicios PoW como protocolo de consenso, aunque desde el día 1 de diciembre de 2020 comenzó una migración hacia PoS.

La moneda de Ethereum es el ETH. Permite el funcionamiento de la red y la ejecución de los contratos inteligentes.

Actualmente no existe límite en el número de ETH que se pondrán en circulación, aunque puede que esto cambie en el futuro.

Capítulo 8: DAO y Smart contracts

"Ethereum existe porque permite a los desarrolladores escribir contratos inteligentes mejor que Bitcoin a corto plazo."

Nick Tomaino, fundador de @1confirmation

En el capítulo seis se introdujo el concepto de DAO (Organización Autónoma Distribuida) y el *hardfork* adoptado como solución al hackeo de 50 millones de dólares derivado de un problema en la programación de su *smart contract*. Dado que estos dos conceptos conforman la revolución dentro de la revolución que ya supone las *blockchains*, merecen un capítulo en exclusiva.

DAO (Decentralized Autonomous Organization)

Un DAO es una empresa en la que su gestión está totalmente automatizada y descentralizada, donde las decisiones se toman en función de un contrato inteligente.

Para establecer una DAO lo primero que se debe hacer es conformar ese contrato inteligente o conjunto de reglas por la que se autogestionará.

Una vez que las reglas se han hecho públicas, se entra en una fase de financiación en la que se ponen a la venta una cantidad determinada de *tokens* a modo de acciones. No existe por tanto ningún tipo de jerarquía, sino que el peso del voto de cada participante dependerá del número de *tokens* que posea. Los *tokens* se pueden utilizar también para recompensar ciertas actividades o comportamientos que la DAO necesite por parte de los usuarios. Además, al ser comercializables, se pueden comprar y vender en un *exchange*. Cualquier transacción queda registrada en una *blockchain* con todo lo que ello implica en cuanto a seguridad e inmutabilidad.

Cuando la organización comienza su funcionamiento, todas las decisiones sobre su gestión se toman por consenso. Tenga en cuenta que cualquier decisión errónea que se haya tomado en las reglas iniciales, o incluso un problema de seguridad, no podrá ser corregido hasta que se llegue a un acuerdo por mayoría para establecer el cambio en dichas reglas. La mayoría necesaria estará definida en las reglas iniciales de creación de la DAO. Dichas reglas son siempre públicas.

Si usted quiere ser accionista de una DAO no tiene más que comprar *tokens* de la DAO correspondiente. Según el peso relativo que tengan sus *tokens* respecto del total, su voto tendrá más o menos valor ante una toma de decisión.

El principal problema al que se enfrentan las DAO es que, debido a su reciente implantación, no existe legislación al respecto, con lo que la inseguridad jurídica y regulatoria es muy elevada.

Tampoco es desdeñable, aunque sea paradójico, los efectos de la democratización en la toma de decisiones, ya que un grupo de *token holders* sin ningún tipo de conocimiento podrían tomar las riendas de las modificaciones del comportamiento de la organización. Evidentemente, ese tipo de DAO está condenado al fracaso por simple selección natural. Es por ello que usted debe ser muy cauteloso a la hora de elegir dónde invertir.

El mejor ejemplo de DAO en la actualidad es, probablemente, el proyecto DASH, una criptomoneda en una red descentralizada que ofrece pagos inmediatos y transacciones privadas. Las decisiones son tomadas por la red de masternodes, que es accesible a todo el mundo.

Los *masternodes* almacenan toda la *blockchain* y son los responsables de los envíos instantáneos y privados. Están respaldados por garantías en Dash y, en contraprestación, sus operadores reciben monedas. A diferencia de la red bitcoin, donde el minero recibe toda la recompensa por agregar un bloque a la red, en Dash, la recompensa se reparte entre los mineros y los masternodes con un 45% cada uno, quedando el 10%

restante para un sistema de subvenciones llamado "tesorería" dirigido a las propuestas que se envían a la red y son votadas por los masternodes.

En Dash, el poder de gobernanza de la red es absoluto, hasta el punto de que, si los resultados del equipo de desarrollo no son satisfactorios, la red puede votar sustituirlo.

SMART CONTRACTS

Aunque los contratos inteligentes están muy ligados a la red Ethereum, en realidad su concepción es mucho más antigua (hablando en términos informáticos, claro). El responsable de su creación fue Nick Szabo en su artículo *"Smart Contracts: Building Blocks for Digital Markets"* publicado en 1996.

Nick Szabo propuso en 1998 un sistema financiero descentralizado que utilizaba elementos comunes a bitcoin como bloques marcados con un *timestamp* y generados con prueba de trabajo. Todo ello en una cadena de bloques: BitGold. Como b money nunca fue lanzado.

Para Szabo, un visionario de aquella época, casi todas las cláusulas de un contrato podían integrarse en hardware y software de forma que el incumplimiento fuera costoso, o casi prohibitivo, para el infractor.

Él utilizaba como ejemplo lo que llamó el "antepasado primitivo de los *smart contracts*", la máquina expendedora. La máquina ofrece un producto a cambio de monedas que se recogen todos los días, de forma que el coste potencial de romper la máquina es más alto que el del botín obtenido por el caco. En la máquina con un software sencillo basado en máquina de estados (que podría escribir un niño de 15 años) se establecen las reglas que determinan la relación con el usuario.

Con la llegada de las criptomonedas como Bitcoin, que como reconoció Satoshi Nakamoto, utiliza muchas de las características de BitGold, Szabo encontró una plataforma donde implementar sus contratos inteligentes, ya que estos necesitan correr sobre una red de clave pública que facilite los mecanismos de votación, y requieren de una base de datos descentralizada y abierta.

Un contrato inteligente se compone de tres partes:

- Objeto del acuerdo.
- Firmantes o palpitantes del contrato.
- Condiciones que deben cumplir los participantes del contrato, que se escriben en un lenguaje de programación.

La aplicabilidad de los *smart contracts* es infinita, tanto como nos permita la imaginación, ya que un contrato inteligente puede funcionar de manera independiente, pero también puede interactuar con otros contratos creando anidamientos que aumenten la complejidad y también las posibilidades de aplicación.

Nos ofrecen un nuevo concepto de economía en el que se elimina la necesidad de intermediario, reduce la posibilidad de que se produzca un conflicto que tenga que ser llevado a los tribunales y aportan un ahorro sensible debido a que la necesidad de terceras partes confiables como notarios, abogados, registradores, intermediarios, etc., ya no son necesarias. Además, la mejora continua es fácilmente implementable con las diferentes iteraciones en las que se desarrolle el código. Por supuesto la trazabilidad y seguridad están garantizadas por el hecho de correr sobre una *blockchain*.

Como ya se comentó en el capítulo anterior los dos principales problemas a los que se enfrentan los contratos inteligentes son el vacío legal y regulatorio, debido a su reciente implantación y su disrupción tecnológica y económica, el peligro de agujeros de seguridad en los contratos o mala programación y la "hiper democratización de la gestión" que puede hacer que personas sin ningún tipo de conocimiento influyan en el contenido del contrato.

Imaginemos ahora un contrato de alquiler gestionado mediante un *smart contract*.

El contrato se compondría de:

- Firmantes: Arrendador y arrendatario.

- Objeto: Vivienda propiedad del arrendador y que será alquilada por el arrendatario.

- Condiciones: Tras el pago de la mensualidad y la fianza inicial por parte del arrendatario (validados por la red y almacenado en un *smart contract*), la cerradura de la vivienda únicamente se abrirá con un código solamente conocido por el inquilino. El inquilino realizará a partir del mes siguiente el pago de las mensualidades antes del día 5 de cada mes. Si se produce un impago, el arrendatario tiene 2 meses de margen para actualizar sus pagos. Si después de este plazo existiera una deuda, la cerradura de la vivienda pasará a abrirse únicamente con el código perteneciente al arrendador. La duración del contrato es dos años prorrogable por cualquiera de las partes. Si el inquilino desea rescindir el contrato, deberá avisar con dos meses de antelación, tras los cuales la fianza se le devolverá al arrendatario y las claves de la cerradura pasarán a ser la del arrendador.

Todos los pagos quedarán reflejados en la cadena de bloques y no hay opción al fraude.

Como se puede comprobar, la figura del intermediario se hace innecesaria. Es un proceso totalmente automático y reglado. La custodia de la fianza la realiza la propia red.

Este es un ejemplo simplificado de lo que puede modelarse con un contrato inteligente. Tal y como se ha detallado anteriormente, las aplicaciones son ilimitadas, siendo las más fáciles de implementar las relacionadas con la logística y trazabilidad, sistema de custodia, sanitarios y financieros.

Recuerde los principales puntos de este capítulo:

Un DAO es una empresa en la que su gestión está totalmente automatizada y descentralizada y donde las decisiones se toman en función de un contrato inteligente.

Cualquier transacción queda registrada en una *blockchain*.

Todas las decisiones sobre las modificaciones del *smart contract* se toman por consenso.

Las reglas son siempre públicas.

Si quiere ser accionista de una DAO solo tiene que comprar *tokens* de la DAO correspondiente.

El poder de gobernanza de la red es absoluto en una DAO.

Capítulo 9: Tokenización

"Algún día todo será tokenizado y conectado a una blockchain."

Fred Ehrsam, fundador de Coinbase

Todos los ejemplos explicados hasta ahora, salvo la excepción del contrato de alquiler del capítulo anterior, se han centrado en el intercambio de criptomonedas o *tokens* dentro de una *blockchain* sin prestar demasiada atención a las diferencias que hay entre ellas cuando, precisamente, el mayor potencial de las *blockchains* reside en ámbitos no financieros, que serán los que verán sus negocios totalmente alterados por la irrupción de la tecnología de cadena de bloques.

Entonces, ¿en qué radica la diferencia entre una criptomoneda y un *token*? La respuesta es muy sencilla. El concepto de *token* es mucho más genérico y se puede aplicar a ámbitos muy diferentes del estrictamente monetario. El hecho de llamar criptomoneda a cualquier *token* es un error muy común que se debe evitar.

Chris Burniske, en su fabuloso libro "*Cryptoassets*" distingue entre tres tipos de criptoactivos bien diferenciados y, realmente, creo que no se puede hacer una mejor definición:

- *Cryptocurrency* o criptomoneda. Es una unidad de cambio universal, depósito de valor y unidad de cuenta (mide el valor de mercado). El ejemplo más destacado, por supuesto, es Bitcoin, pero también lo son otras como Litecoin o Dash.

- *Cryptocommodity*: como en el mundo analógico, representan las materias primas, que en el mundo digital no son el trigo o el petróleo, sino la capacidad y velocidad de transmisión, el *hashrate*, capacidad de almacenamiento o de cómputo entre otros. El máximo exponente de esta categoría es el Ether que, en forma de gas, es el motor del ordenador más grande del mundo.

- *Cryptotokens*: representan servicios y activos digitalizados. En esta categoría podría entrar una obra de arte o incluso una vivienda. Dentro de esta categoría recaen los *tokens* intercambiados por las DApps gracias a los *smart contracts*, como es el caso del GEO, al que se dedica por completo el siguiente capítulo.

Merecen una mención especial los *tokens* que son valores financieros, pues en tal caso, el producto, como cualquier otro bono, acción, letra o futuro, estará regulado por la autoridad competente correspondiente (SEC en EE. UU. y CNMV en España). Este tipo de *token* solo debería poder ser adquirido por inversores con suficiente conocimiento para acceder a los mismos, por lo que en los contratos inteligentes se debería comprobar esta característica. Este tipo de *tokens* únicamente puede ser emitido por entidades reguladas por las autoridades ya mencionadas.

Los *criptotokens* son, por naturaleza, mucho más genéricos. Pueden dar cabida a cualquier activo analógico que nos pase por la cabeza. Pero, ¿en qué consiste ese proceso de tokenización y cómo se realiza? En este capítulo se dará respuesta a esas preguntas.

La tokenización es el proceso por el cual se convierten activos (o pasivos) en *tokens* que se pueden registrar (incluso de forma fraccionada), almacenar e intercambiar en una *blockchain*. Dicho proceso es realizado por un *smart contract*. Usted, como lector, estará pensando en este momento que el contrato tiene que ser realmente inteligente, porque ¿cómo puede saber si la propiedad pertenece realmente a quien dice ser? Especialmente en activos como los inmobiliarios que, además, pueden tener cargas. ¿De dónde sacan los contratos inteligentes esa información? La respuesta es muy sencilla, de otro tipo de software llamado oráculo.

Los oráculos son las conexiones de las *blockchains* con el mundo real. Son programas que contienen unas librerías que les permiten conectarse a algunos elementos centralizados que guardan cierta información.

Veamos un ejemplo con un contrato de alquiler simplificando el proceso:

Imagine que usted posee un apartamento en la playa valorado en 300.000 € y decide *tokenizarlo* para obtener un rendimiento inmediato.

Decide crear 300.000 *tokens* de un 1□€ que le dan al propietario una participación proporcional sobre los rendimientos producidos por la vivienda mientras esté en alquiler o sobre la venta, si ésta la deciden los tenedores de *tokens*. Usted puede poner a la venta la totalidad de ellos o quedarse con la parte mayoritaria.

Aquí surgen interrogantes por parte de los posibles compradores de *tokens* como: ¿es realmente la propiedad de quien dice ser? ¿Está libre de cargas?

En ese momento entra en juego el oráculo, que poseerá las librerías necesarias para conectarse al Registro de la Propiedad y comprobar que se dan las condiciones anunciadas por el vendedor. Una vez comprobado, será el *smart contract* el encargado de vender y transmitir los *tokens* mediante un ICO, así como los pagos mensuales correspondientes. Estos pagos se pueden realizar con una criptomoneda en lugar de con *tokens*, si se prefiere. Cada uno de los inversores será identificado por el contrato inteligente, haciendo uso del oráculo que necesite para tal fin, generalmente la plataforma KYC (conoce a tu cliente), y quedando reflejado en cada transacción que realice.

Los *tokens* a su vez pueden ser vendidos y transmitidos en el mercado secundario. Tenga en cuenta que los tenedores de *tokens* en ningún caso poseen la vivienda, sino que disfrutan de derechos sobre los beneficios que ésta genera. Una vez finalizado el alquiler o vendida la vivienda, dejarán de existir los *tokens*, que se habrán intercambiado por criptomoneda o por moneda fiat.

Puede comprobar que hay ciertas similitudes con el "troceo" en paquetes que realizan los bancos con sus pasivos, pero al alcance de su mano.

Existen plataformas especializadas en la *tokenización* de activos inmobiliarios. Ejemplo de ello es Blocksquare, que crea y emite *tokens* vinculados a propiedades inmobiliarias comerciales y distribuye los rendimientos del alquiler a cientos de inversores de todo el mundo. Con un sistema de transferencia P2P y sin ningún intermediario, las transacciones se hacen de forma automática y rápida. Cabe decir que la compañía está establecida en Eslovenia donde las trabas legales son menores.

En la actualidad también se aplica este concepto a la tokenización de tarjetas de crédito (Paycomet), en los navegadores web como Brave, apps como GeoCash que recompensan con *tokens* la cesión de datos anonimizados; a juegos como CryptoKitties, dedicado al mundo de la colección de gatitos que se pueden comprar y vender, o Upland, un universo paralelo donde podrá comprar y vender con *tokens* propiedades inmobiliarias en ubicaciones en nuestro mundo real, y que podrán intercambiarse por dólares en un futuro. En cuanto a servicios es de reseñar la plataforma española de formación Tutellus.

También sería posible crear *tokens* sobre la propiedad intelectual de este libro para financiar su edición y publicación.

Los beneficios de la tokenización son innegables, ya que heredan todos los que ofrecen las *blockchains* y los contratos inteligentes que corren sobre ellas. Por un lado, la seguridad, trazabilidad, inmutabilidad y protección frente al fraude y la falsificación se lleva hasta el extremo. Por otro, los costes asociados a las transmisiones de activos se reducen hasta el máximo gracias a la ausencia de intermediarios.

Gracias a los *smart contracts*, la rapidez de las gestiones será muy elevada. Se realizarán de forma casi instantánea porque se eliminarán todos los trámites burocráticos necesarios en la actualidad para una compra-venta, quedando todo reflejado en la *blockchain*. Además, se permite la llegada de nuevos inversores al fraccionar una propiedad en diferentes *tokens*. Incluso será posible poseer el 5% de los derechos de una obra de Picasso.

Por supuesto, será fundamental a la hora de diversificar una cartera. Así, se controlará la exposición al riesgo mediante la inclusión en la misma de *tokens* no correlados con el resto de activos en un porfolio.

Si bien la *tokenización* de los activos analógicos es un proceso imparable, aún existen obstáculos para su implantación a corto plazo, sobre todo en países con elevadas trabas burocráticas. La incertidumbre legal y regulatoria es la que a día de hoy frena la definitiva implantación de este modelo económico. En países como España, donde la transmisión de un inmueble debe registrarse en el Registro de la Propiedad, la tokenización de un inmueble podría resultar inútil a efectos prácticos. Para acelerar la implantación de éste y otros cambios relacionados con las Fintech, se han puesto en marcha en diferentes países diversos *sandboxs* regulatorios (o entornos de pruebas reguladas donde las empresas podrán hacer test con sus productos por un tiempo limitado), como el instaurado por la FCA en el Reino Unido. En España, el 15 de noviembre de 2020 entró en vigor la ley 7/2020 para la transformación digital del sistema financiero, que incluía la implantación de un *sandbox* regulatorio para las Fintech.

Recuerde los principales puntos de este capítulo:

Existen 3 tipos de criptoactivos:
- *Cryptocurrency* o criptomoneda como Bitcoin
- Cryptocommodity como ETH
- *Cryptotokens*: representan servicios y activos digitalizados como GEO

Los *criptotokens* son intercambiados por las DApps gracias a los *smart contracts*.

Pueden representar cualquier activo analógico.

La *tokenización* es el proceso por el cual se convierten activos (o pasivos) en *tokens* que se pueden registrar

Los oráculos son las conexiones de las *blockchains* con el mundo real para obtener cierta información que no se encuentra disponible en el sistema.

Capítulo 10: GeoDB

"Ha llegado el momento de democratizar el monopolio del Big Data."

GeoDB

Ya comenté en el prólogo de este libro que GeoDB es la culpable de mi inmersión en el mundo de las *blockchains*. Llegué a ellos a través de una campaña de financiación publicada en la plataforma Crowdwube en el año 2019.

Tal y como expliqué en mi anterior libro, *"La Cartera Sostenible"*, creo que es muy interesante dedicar una pequeña parte de la cartera a la inversión en *startups*. Son inversiones de alto riesgo de las que se espera un alto retorno de la inversión y el hecho de que una empresa se financie a través de plataformas como Crowdcube o Seedrs da unas ciertas garantías acerca del proyecto. La posibilidad de que la empresa fracase tras cuatro años es mucho menor en las startups que consiguen pasar su filtro.

Me llamó la atención su propuesta. Después de tantos años cediendo mis datos a grandes corporaciones como Amazon,

Google o Facebook, ellos empezaron a ofrecer una recompensa a cambio de lo que yo ya entregaba de forma gratuita. Si los usuarios han sido hasta ahora los grandes olvidados en el mundo del Big Data, GeoDB hace que formen parte y también se vean beneficiados. Se introduce un nuevo concepto, el Big-Crypto, que no es más que la interconexión del Big Data con las *blockchains* y las criptomonedas en un ecosistema abierto. Es un cambio de paradigma por el cual se considera al usuario final como parte esencial de la industria y en el que vi altas probabilidades de éxito. De hecho, a finales de 2020 se consolidó como una de las empresas europeas líderes en el entorno *Blockchain*. Todo ello liderado y desarrollado por un grupo de españoles.

GeoDB es el primer ecosistema (parcialmente descentralizado) de intercambio de datos de usuario P2P sobre *blockchain*, concretamente usando *tokens* ERC20. Gracias a sus *smart contracts*, la red recompensa a los usuarios por los datos anonimizados que depositan en ella para que los compradores puedan adquirir conjuntos de ellos. Tanto las recompensas como los pagos se realizan a través del *token* GEO, que puede ser intercambiado por dinero fiat en *exchanges* como Bitforex o LongBit.

El número total de *tokens* asciende a 1.000.000.000, de los cuales 100.000.000 quedan como reserva y para el equipo, 200.000.000 se destinan a la venta. El resto (700.000.000) serán distribuidos como recompensas por los *smart contracts* durante 21 años.

Durante 2019 y 2020 estuvo operando en una red de test recompensando a los usuarios con *tokens* de prueba para afinar los desarrollos. A finales de diciembre de 2020 comenzó la migración a la Mainnet y los *tokens* de prueba se empezaron a intercambiar por *tokens* GEO reales. Dado que la cantidad de *tokens* generada era muy elevada, se decidió incentivar la conversión de forma escalonada.

El apoyo recibido durante la fase de test fue espectacular, consiguiendo unos hitos difícilmente alcanzables por otras empresas del sector. Entre otros, destacan:

- Tres rondas de financiación exitosas en Crowdcube y Seedrs donde se superaron las cantidades previstas inicialmente llegando al *overfunding*.
- Una comunidad con más de 125.000 miembros con un alto nivel de participación en Twitter (28.000) y Telegram (82.000).
- En octubre de 2020 se llegó a la cantidad de 1.250.000 de bloques de datos
- Más de 250.000 descargas de su aplicación, GeoCash, en más de 150 países, a finales de 2020.
- Más de 160.000 *wallets* activas con más de 600.000 transacciones.
- Incorporación de su plataforma de GeoFarming, un mecanismo de incentivo de liquidez, que generó más de 600.000 geos como recompensa con un *stake* de más de 300.000 $.

- Referencias positivas en artículos de medios como Investing.com y Tech Times.
- Acuerdos de colaboración con empresas líderes como Grupo Next, Wola o Wave.

INTRODUCCIÓN A ODIN

El desarrollo más interesante fue anunciado en diciembre de 2020: El nuevo protocolo ODIN, significará la evolución de la plataforma de modelo comercial semi centralizado a un protocolo abierto de cadena de bloques totalmente descentralizado, convirtiéndose en un DAO formada a partir de su comunidad y que gobernará la red después de su lanzamiento. La implementación en la red principal está prevista para finales de 2021, después de lo cual será posible interconectarse con otros oráculos y mercados, ampliar los tipos de datos soportados e introducir el almacenamiento y la computación descentralizada de datos dentro del sistema.

El principal objetivo de ODIN es crear una red de oráculos de datos y construir un ecosistema descentralizado de intercambio y comercio de datos entre pares. La garantía de la descentralización es su principal objetivo, lo que confiere a la red de oráculos las tres características siguientes:

Permissionless

Cualquiera puede convertirse en proveedor de datos dentro de los límites del sistema. Para ello debe iniciarse una transacción para crear una nueva fuente de datos determinándose en ese momento cómo se puede acceder a dicha fuente. De esta manera se permite, por ejemplo, la creación de un modelo que permite miles de fuentes de datos y facilita al usuario final elegir qué fuentes se utilizarán y en qué cantidad. El primer paso es eliminar el umbral que determina quién puede ser una fuente de datos.

Validación

El proceso de transferencia de información está descentralizado. Ninguna de las partes transfiere datos de todas las fuentes al sistema, pero un gran número de validadores accede a las fuentes de datos con las mismas solicitudes y generan informes sobre la información recibida. Estos informes se agregan y se convierten en la entrada de todas las demás operaciones de datos. De este modo, la tolerancia a los ataques se multiplica exponencialmente al eliminar cualquier punto vulnerable que pudiera poner en peligro la integridad del sistema.

Abierto

Al tratarse de un sistema abierto, cualquiera puede sugerir una mejora en los algoritmos de procesamiento de datos recibidos, y el usuario final puede elegir el más adecuado para él, según el precio, la reputación de las fuentes de datos, etc.

Estas tres características del protocolo se lograron gracias a una arquitectura compuesta por 3 roles, un *token* de gobierno llamado ODIN, los *scripts* de oráculo, el uso de dPoS como protocolo de consenso, y la tesorería.

Roles

El nuevo sistema de funciones permite a cualquier usuario del sistema convertirse en colaborador y recibir recompensas por ello. Los roles son los siguientes:

- *Validador*. Es una de las principales funciones del sistema, ya que participa en el protocolo de consenso. Sus principales funciones son la formación, propuesta, verificación y confirmación de los bloques del sistema. Además, reciben datos de fuentes externas y generan informes.
- *Delegado*. Son participantes de las redes que quieren convertirse en validadores, que serán aquellos que tengan más votos (*stake*) de los usuarios.
- *Auditores*. Son participantes que mantienen una copia completa de la cadena de bloques y comprueban todos los bloques y transacciones de acuerdo con las reglas establecidas en el protocolo. No participan en el protocolo de consenso.

Scripts de Oráculo

Los *scripts* de Oráculo son contratos inteligentes que pueden ser utilizados por todos los participantes en el sistema para determinar el método de recepción y procesamiento de datos de fuentes externas. Pueden ser creados por cualquier participante.

Token nativo

Los titulares de ODIN pueden utilizarlo para pagar los datos recibidos de la red, para convertirse en validadores, para participar en el gobierno de la red y para delegar en un validador y conseguir la parte proporcional de los honorarios y recompensas obtenidos por estos últimos. La tasa de inflación anual para la apuesta de los validadores se establece en torno al 12% de TAE. Después del lanzamiento de ODIN, el intercambio de GEO a ODIN estará disponible para los titulares de GEO con 1 ODIN para una proporción de 50 GEO y un período de adquisición de 24 meses. Durante este período sólo estará disponible el *staking* en los nodos validadores. Después del mismo, los *tokens* se desbloquearán durante 12 meses de manera diaria y uniforme.

El suministro total de ODIN se limita a 100 millones de fichas con la siguiente distribución:

- *Data consumers pool* — 10%.
- *Staking* y recompensas a los validadores — 30%.
- Compañía & equipo fundador — 10%.
- Tesorería ODIN— 50%.

Gobernanza

Los titulares de ODIN pueden intervenir en el gobierno de la red con un voto ponderado sobre su participación. Las principales

113

decisiones están relacionadas con las tasas y los límites establecidos por el protocolo de gobierno, así como con los cambios en los parámetros del sistema y los oráculos de datos.

Las propuestas de actualización del protocolo pueden ser solicitadas por cualquier poseedor de *tokens*, enviando un tipo especial de transacción en la que se definen los cambios.

Tesorería

La Tesorería de ODIN es una herramienta financiera clave, especialmente en las primeras etapas del proyecto, cuando los oráculos de los datos serán todavía semi descentralizados. En ese momento, el Tesoro recogerá los pagos de los consumidores de datos en forma de *tokens* ODIN, que no podrán ser utilizados para la gobernanza de la red.

Por consiguiente, el principal objetivo de la tesorería será vender *tokens* de ODIN a los participantes en el mercado y recaudar pagos en otros criptoactivos como ETH, BTC u otros. El 80% de esos pagos recaudados se utilizará para comprar GEO mediante subasta, cada vez que se alcance el umbral de 800 dólares de los EE.UU., los *tokens* GEO adquiridos se asignarán al fondo de reciclado para su uso futuro como medio de pago a los proveedores de datos. El 20% restante se invertirá en el DeFi tras las decisiones adoptadas por consenso.

Con la publicación del protocolo ODIN, GeoDB se ha posicionado como una de las compañías más prometedoras dentro del ámbito

Blockchain, lo que presumiblemente se verá reflejado en el valor de su *token* GEO.

Recuerde los principales puntos de este capítulo:

GeoDB recompensa con *tokens* GEO a los usuarios que ceden sus datos anonimizados a través de su app GeoCash.

Implanta un nuevo paradigma en el *Big Data* que tiene en cuenta al usuario como parte beneficiada del negocio.

GEO es un *token* ERC20 y son los contratos inteligentes los que determinan cuándo y con cuánto se recompense a los usuarios, en función de los datos compartidos.

El número de *tokens* total que se pondrá en distribución será de 1.000.000.000, de los cuales 700.000.000 se dedican a recompensar al usuario.

Utiliza mecanismos de incentivo de liquidez que contribuyen a disminuir el riesgo financiero del *token* GEO y ofrece al usuario rendimientos muy elevados.

El nuevo protocolo ODIN significará la evolución de una plataforma de modelo comercial semi centralizado a un protocolo abierto de cadena de bloques verdaderamente descentralizado que se convertirá en un DAO.

Las tres principales características del protocolo ODIN son:
- *Permissionless.*
- Protocolo abierto.
- Rol de validador.

Los roles principales serán:
- Validador.
- Auditor.
- Delegado.

ODIN utiliza su *token* nativo (ODIN) para el gobierno y funcionamiento de la red.

Se desplegará en la red principal a finales de 2021.

Capítulo 11: Altcoins

"Las criptomonedas están aquí para quedarse. Si no puedes verlo es estos momentos, es hora de aprender más sobre ello."

Joel McLeod, fundador de Premivm.com

Este capítulo se centra en las criptomonedas alternativas a Bitcoin. Dado que en páginas anteriores se ha explicado ETH y GEO en profundidad, no se incluyen en este capítulo.

A día de hoy, hay cientos de altcoins en el mercado y las siguientes líneas se dedican a las principales. El objetivo de la gran mayoría de ellas es mejorar alguna o algunas características que Bitcoin no cubre de forma realmente satisfactoria (volatilidad, rapidez, etc.) o son *tokens* que, como se ha explicado anteriormente, sirven para un propósito definido por un *smart contract*.

En la actualidad, según CoinMarketCap, existen más de 2200 *tokens* y más de 1000 criptomonedas.

Aeternity

Aeternity es un proyecto lanzado en 2017 por Yanislav Malahov como una plataforma de computación y activos digitales muy ambiciosa basada en *Blockchain*. En realidad, lo que el proyecto persigue es mejorar la eficiencia de las *blockchains* actuales. Está enfocado a juegos, *exchanges* y micro pagos entre otros. El *token* AE, el propio de Aeternity, se usa para premiar a los mineros y como gas para los *smart contract* y transacciones.

Aave

Aave es una plataforma descentralizada de préstamos, que permite a los usuarios acceder a créditos y prestar activos criptográficos sin intermediarios, que funciona sobre Ethereum. En un principio se utilizaba el *token* LEN, pero se está realizando una migración a AAVE.

Augur

Es un proyecto creado sobre Ethereum para generar informes con predicciones de diferentes mercados a partir de determinados indicadores. Los usuarios participan en la creación de dichas predicciones. La versión de producción se lanzó en 2018. Su *token* REP se utiliza para premiar a los usuarios que generan pronósticos acertados.

Basic Attention Token

BAT es uno de los proyectos más interesantes del mercado actual y del cual soy usuario convencido. Lanzado en 2017, introduce un

119

cambio de paradigma en el consumo de publicidad en los navegadores web y corre sobre un Ethereum. Su navegador Brave permite a los usuarios decidir si ven anuncios o no, y los recompensa por su visualización con *tokens* BAT. Estos *tokens* pueden ser intercambiados por los anunciantes, editores y usuarios. Es usada como colateral por DAI.

Binance Coin

Es el *token* (BNB) propio del *exchange* Binance, basado en Ethereum y fundado por Changpeng Zhao. Con él financia sus proyectos y otorga ciertos beneficios a sus poseedores en forma de descuentos en sus comisiones. Además, presenta una función muy útil: la posibilidad de convertir los pequeños restos de otras criptomonedas que quedan sin utilizar tras una operación de compra o venta y cambiarlos por BNB. De esta forma, se pueden aprovechar en otra operación o ser cambiadas por otra cripto.

Bitcoin Cash

En 2017 se produjo un *hardfork* de Bitcoin debido a que muchos desarrolladores pensaban que las recompensas a los mineros eran demasiado elevadas y veían una necesidad clara de mejorar su eficiencia. La diferencia fundamental es que sus bloques son de 8 MB. El nombre de esta criptomoneda fue Bitcoin Cash (BCH)

En diciembre de 2018 se produjo un *hardfork* que dio como resultado la creación de Bitcoin SV.

BCH sufrió otra nueva bifurcación unos días antes de la escritura de este capítulo. El día 15 de noviembre de 2020 empezaron a coexistir Bitcoin Cash ABC (BCH ABC) y BCH Node (BCHN). Un grupo de desarrolladores de Bitcoin Cash liderado por Amaury Sechet, propuso una actualización de la red Bitcoin Cash, que ha incluido una nueva regla, que requiere que el 8% del efectivo extraído de las minas de bitcoin se redistribuya a BCH ABC como medio para financiar el desarrollo del protocolo.

Bitcoin Diamond

BCD es otra de las bifurcaciones que ha sufrido Bitcoin a lo largo de su corta historia. Como en el caso anterior, las razones fueron las mismas: altas comisiones a la minería, y lentitud de las transacciones. Este *hardfork* se dio lugar en noviembre de 2017, y todo el que poseyera bitcoins en ese momento obtuvo BTC, *ticker* de esta nueva criptomoneda, en una relación 10:1.

Bitcoin Gold

BTG surgió como respuesta a las críticas de centralización que empezaba sufrir la minería de bitcoin. Como ya se ha descrito en capítulos anteriores, las granjas mineras tienen a concentrarse en países donde el coste de la electricidad es muy bajo. Para ello se cambia el protocolo usado como prueba de trabajo. La bifurcación se realizó a finales de 2017.

Bitcoin SV

Es el resultado de un *hardfork* sufrido por Bitcoin Cash. Según su sitio web "Bitcoin SV es el bitcoin original. Restaura el protocolo original del Bitcoin y lo mantendrá estable, escalándolo a nivel masivo. Bitcoin SV mantendrá la visión propuesta por Satoshi Nakamoto en su informe técnico del 2008, *Bitcoin: A User-to-Authority Electronic Cash System'*. Su símbolo es BSV.

BitShares

BitShares es un *exchange* descentralizado, creado por J. Chitty, que diseñó un derivado financiero llamado BitARS, cuyo subyacente es el peso argentino (ARS). El objetivo es que se utilice para crear y financiar proyectos relacionados con el mundo cripto en Argentina y, llegado el caso, como moneda de uso común.

BlackCoin

El proyecto BlackCoin fue uno de los primeros en cambiar el uso de PoW por PoS para resolver problemas de escalabilidad en la *blockchain*. Los poseedores de BLK, ése es su *ticker*, reciben un 1 % anual por mantener sus monedas.

ByteCoin

Nació en 2012 para ofrecer privacidad absoluta. Las transacciones se realizan entre entidades totalmente anónimas de forma que los pagos efectuados con ella no son rastreables. Su *ticker* es BCN.

Cardano

Es una plataforma similar a ETH, por cuanto utiliza contratos inteligentes. Presenta como principal reclamo la escalabilidad y la rapidez. Utiliza PoS en lugar de PoW. El *token* utilizado en Cardano es el ADA.

Celsius

El objetivo del proyecto Celsius es ofrecer servicios financieros sin comisiones, tipos de interés reducidos y transacciones muy rápidas. Tiene la aprobación para operar como entidad financiera por la SEC y por la Companies House británica. Fue creada en 2017 por Alex Mashinsky y Daniel Leon. Un año después empezó a operar. Utiliza el *token* CEL como reclamo para obtener descuentos importantes en sus productos.

ChainLink

ChainLink es una red de oráculos descentralizada que permite que contratos inteligentes de cualquier *blockchain*, pública o privada, accedan a datos del mundo real. Su *token*, LINK ha experimentado un crecimiento muy importante en los últimos tiempos. La finalidad del mismo es incentivar la participación en la red de forma honesta, ya que los oráculos solo pueden recibir pagos con este *token*. Tiene una proyección positiva debido a medidas que aún no se han implementado, pero muy interesantes, como los contratos de derivados, que exigen una fianza muy alta, aumentando así el interés por los oráculos para acumular LINK. La compañía fue fundada en 2017 por Steve Ellis y Sergey Nazarov.

Cosmos

El proyecto Cosmos, creado por Jae Kwon y Ethan Buchman en 2014, recibe el apoyo de la InterChain Fundation. Pretende crear una *blockchain* de *blockchains* a modo de la red de redes que es Internet. Cada cadena de bloques independiente se denomina zona. La primera, llamada Blockchain hub, mantiene un registro de estado de cada zona y viceversa. El Cosmos Hub utiliza *PoS* como algoritmo de consenso y el *token* ATOM para mantener la actividad. De esta forma, los nodos compiten para validar un bloque según la cantidad de ATOM que posean, fomentando así la demanda.

Crypto.com Coin

Crypto.com es un *exchange* y plataforma de pagos de criptomonedas basado en *blockchain* al que se puede acceder a través de su web y una aplicación móvil. También ofrece tarjetas de crédito. Es posible depositar criptomonedas y obtener una rentabilidad de hasta el 6%. Los pagos se realizan semanalmente.

Fundada en 2016, según su *whitepaper*, su misión es acelerar la transición mundial hacia las criptomonedas. CRO es el *token* nativo de esta *blockchain*, que usa PoS. Además, al poseer CRO se obtienen ventajas en la *exchange* y la plataforma de pagos.

Dai

Maker es una DAO sobre Ethereum, fundada en 2014 por Rune Christensen y lanzada al mercado en 2017, que conforma una plataforma financiera cuyo principal propósito es la protección contra la volatilidad de las criptodivisas, para lo que usa el DAI, que replica al dólar estadounidense manteniendo un cambio estable frente a él. Es una *stablecoin* criptocolateralizada gracias a los *smart contracts* de la red. Además, se utiliza el *token* MKR para pagar *fees* a los nodos participantes en la red.

DasCoin

Es una *blockchain* similar a Bitcoin que usa una variante del protocolo de consenso *PoW* y que pretende mejorar las transferencias comerciales. Incorpora KYC para verificar a clientes y vendedores o emisores y receptores. También pretende luchar contra la volatilidad presente en casi todas las criptomonedas. El minado de DasCoin (DASC) es mucho más eficiente que el de Bitcoin con la consiguiente reducción de consumo eléctrico. Se presentó al mercado en 2018.

Dash

Dashcoin es una moneda creada en 2014 y lanzada oficialmente en 2015. Dash es el acrónimo de Digital Cash, y eso es lo que realmente pretende ser: un competidor directo de Bitcoin con ciertas mejoras como la rapidez de las transacciones y la posibilidad de enviar o recibir dinero de forma totalmente anónima mediante el uso de una red de *master nodes*. Se puede encontrar en los principales *exchanges* bajo el *ticker* DASH.

Decred

Decred es una *blockchain* lanzada a finales de 2015 cuyo objetivo es crear una divisa digital superior al resto y de gobernanza automática, cuyas reglas se pueden cambiar de forma consensuada por toda la comunidad. Utiliza una mezcla de protocolos *PoW* y *PoS*, usando el porcentaje de moneda (DCR) para ponderar el voto de las propuestas que se incluyen en su plataforma.

DogeCoin

El proyecto DogeCoin fue lanzado en 2013 por Billy Markus y Jackson Palmer. Surgida de un *hardfork* de Litecoin, recoge la filosofía Bitcoin y pretende expandirla a un público mucho mayor, por lo que utiliza entornos más amigables. El coste de las transacciones es realmente pequeño y se realizan de forma muy rápida. Está orientado a pagos pequeños, ya que permite enviar un mínimo de 0,00000001 DOGE. Por este mismo motivo es la criptomoneda elegida por muchos *faucets* para recompensar al usuario por la realización de tareas.

Electroneum

El proyecto Electroneum pretende hacerse un hueco entre las pasarelas de pago a través de teléfonos inteligentes. Está orientada a un público que carece de acceso a oficinas bancarias. ETN es una moneda nacida en 2017 que solo podía minarse en la *blockchain* Electroneum con un terminal móvil. Algunos medios aseguran que el minado no era real, sino que se trataba de una simulación por la que se enviaban ETNs a los terminales "mineros" para mantener el proyecto activo. Actualmente existe una plataforma para freelancers (AnyTask) gracias a la cual se pueden realizar tareas y a cambio obtener monedas. Se considera una *blockchain* muy segura y de bajo consumo energético, que utiliza el protocolo de consenso Prueba de Responsabilidad.

EOS

EOSIO es un proyecto lanzado en 2017 como alternativo a Ethereum. Es una plataforma para el desarrollo de aplicaciones sobre una *blockchain* con contratos inteligentes en el que se pueden desarrollar programas muy complejos. EOS, su *token*, es el equivalente al Ether en Ethereum.

FirmaChain

El propósito de esta *blockchain* es sustituir todos los contratos escritos (notariales, de registro, compra-venta, jurídicos) por documentos electrónicos almacenados en la cadena de bloques. Para ello necesita que los documentos se digitalicen encriptados y se suban a la plataforma a través de su web o aplicación móvil. Todo ello lo hace mediante el uso de una DApp llamada E-CONTRACT. Su *token*, el FCT, es necesario para pagar los servicios de la DApp y para ser cambiados por FDR, el *token* utilizado por el sistema de almacenamiento descentralizado de FirmaChain. FDR o Firma Data Reward es la recompensa que se paga a los mineros de la *blockchain*.

Golem

Golem es una *blockchain* que hace las veces de supercomputador creada por Julian Zawistowski en 2016. Si alguien necesita ejecutar una tarea muy costosa, tanto como para que no sea fácilmente ejecutable en un ordenador común, es posible pagar una tarifa en GNT (su *token*) para acceder a sus servicios.

Huobi Token

Huobi es un *exchange* descentralizado muy importante en Asia. En 2018 decidió crear un nuevo *token* (HT) para comercializarlo en su plataforma y servir de incentivo con descuentos en sus productos. Además, se pueden hacer compras online a través de la plataforma de comercio electrónico FomoHunt

Icon

Según su web, ICON es una red descentralizada, creada en 2017, que permite que los usuarios se conecten a cualquier *blockchain*. Gracias a esta red, comunidades que antes estaban desconectadas pueden llegar a conectarse y compartir servicios. Se erige en una de las principales pasarelas entre *blockchains*. Esta cadena de bloques utiliza PoS como protocolo de consenso y su *token* es el ICX.

Libra

Posiblemente sea el proyecto más conocido por el público general. Se trata de una plataforma planteada por Facebook, residente sobre una *blockchain* que permitirá el uso de diferentes criptomonedas. Su objetivo es crear una divisa global, así como una infraestructura que permita compartirla a millones de personas. La moneda Libra estará ligada con correspondencia 1:1 a una moneda fiat, en principio el dólar estadounidense. Estará respaldada por activos reales y, aquí reside la polémica, será la Asociación Libra la encargada de gestionar la plataforma y determinar su futuro... con lo que adiós a la descentralización.

Litecoin

Es la versión *"lite"* the bitcoin. Fue creada en 2011 por Charlie Lee. Presenta muchas similitudes con su "hermano mayor" como, por ejemplo, el uso del protocolo *PoW*. Las transacciones con LTC son más rápidas y el coste de las mismas es realmente reducido. Cuando se emita el último litecoin habrá un total de 81 millones de monedas en circulación

Lisk

Fue lanzada al mercado en 2016. Según su sitio oficial, Lisk es una aplicación *Blockchain* creada para llevar la tecnología de cadena de bloques al mundo real a través de un SDK escrito en JavaScript, el lenguaje de programación más común en todo el mundo. Lisk (LSK) es el *token* ofertado en la ICO con la que se financió el proyecto. Además, se usa para pagar los costes de las transacciones. Los poseedores de LSK pueden votar las decisiones que se toman en la plataforma.

Monero

Es una bifurcación de Bytecoin aparecida en 2014. Es una de las criptomonedas más utilizadas por su privacidad, ya que todas sus operaciones son anónimas, incluidas las IP de todos los participantes en una transacción. Para ello, todas sus *wallets* cuentan con una dirección pública y otra privada. La *blockchain* utiliza como protocolo de consenso la *PoW*, y recompensa a sus mineros con su moneda (*ticker* XMR).

NEM

NEM es una *blockchain* avanzada que permite crear aplicaciones sobre ella y que ofrece una particularidad que no poseen las demás: la capacidad de crear una red descentralizada a partir de un sistema cualquiera. Los programadores pueden trabajar sobre una *blockchain* privada (o una pública) que use como algoritmo de consenso la Prueba de Importancia (debido a su necesidad de hacer efectiva la escalabilidad). La moneda propia de NEM es el XEM.

Neo

Es un proyecto de Erik Zhang y Da Hongfei creado en 2014 como Antshares y rebautizado en 2017 como Neo. Es una *blockchain* orientada a la digitalización de activos mediante contratos inteligentes que proporciona identificación digital mediante X.509. Permite la creación de aplicaciones sobre ella utilizando el estándar NEP-5. La máquina virtual sobre la que corren sus contratos inteligentes se denomina NeoVM. El *token* utilizado en la red es el NEO, que no se puede minar, ya que como ETH, utiliza PoS. Se ha convertido por derecho propio en un rival de Ethereum a tener en cuenta.

OKB

Es una moneda creada por OK Exchange, que corre sobre Ethereum. El 50% de las comisiones de servicio que obtiene el *exchange* se divide de manera proporcional entre los tenedores de OKB.

OMG Network

El proyecto OMG surgió en 2017 para dar respuesta a los problemas de escalabilidad de Ethereum, mejorándola añadiendo una nueva capa a su arquitectura. En 2018 la red se migró a una *blockchain* propia con arquitectura Plasma. El *token* propio de la red se denomina OMG.

Polkadot

Al igual que otras blockhains el objetivo de Polkadot es el de ser una pasarela entre otras cadenas de bloques, ya sean públicas o privadas. Utiliza como algoritmo de consenso el PoS de forma que los nodos que almacenen DOT (su *token*) pueden realizar las tareas de validación y ser recompensados por ello. Fue fundada en 2016 por Gavin Wood.

Ripple

La compañía Ripple fue fundada en 2015, si bien los trabajos en los protocolos comenzaron años atrás. Es la responsable de la creación de una *blockchain* que permite crear uno de los sistemas de pagos más eficientes a nivel mundial. Debido a ello, multitud de bancos e instituciones financieras hacen uso de ella. Adoptar la moneda XRP, que no se puede minar, permite reducir el coste de las operaciones a los usuarios. Su fin es principalmente comercial.

Stellar

Es un sistema de código abierto para pagos P2P basado en *Blockchain*. Permite realizar pagos con comisiones muy bajas entre diferentes divisas utilizando para ello una moneda intermedia llamada Stellar Lumens (XLM).

Además de la pasarela de pagos, ofrece un conjunto de herramientas como Kelp, que permite crear mercados mediante un *bot* de *trading*.

Tether

Es una *blockchain* basada en Ethereum cuyo *token* (USDT) replica el comportamiento del dólar estadounidense. No se puede minar. Fue creado únicamente con el fin de servir de criptodivisa de valor estable respecto a un subyacente, que en este caso es el dólar. La principal ventaja que tiene es la falta de correlación con el resto de criptomonedas, de forma que, si se mantiene en cartera USDT durante una caída del mercado cripto, los USDT seguirán con su mismo valor.

Tezos

Es una compañía fundada en 2014 que lanzó su *blockchain* homónima en 2017. La cadena de bloques conforma una plataforma de desarrollo de aplicaciones sobre contratos inteligentes que utiliza un algoritmo de consenso alternativo llamado Prueba de Participación Líquida, que requiere un umbral pequeño de *tokens* para que un nodo sea validador. El *token* utilizado es el XTZ.

TRON

Es una compañía con uno de los objetivos más ambiciosos del último lustro: la descentralización de internet. En un principio se utilizó Ethereum como *blockchain*, pero actualmente usa una cadena de bloques propia que utiliza el algoritmo de consenso Prueba de Participación Delegada (*dPoS*). El *token* utilizado es el TRX, que es el usado para pagar los gastos ocasionados en la red. Además, es la moneda usada en las operaciones comerciales dentro de ella.

Uniswap

Uniswap es un *exchange* descentralizado, creado en 2018 por Haydem Adams, que permite hacer intercambios de *tokens* y que corre sobre Ethereum. Crea unos *pools* de liquidez que son recompensados con un cierto tipo de interés y permiten a los inversores realizar los cambios de *tokens*. El rendimiento viene determinado por el porcentaje de participación en el *pool* aplicado a las comisiones que se han producido por cada operación. Su *token* es el UNI y se usa para otorgar derecho sobre la gestión de Uniswap a sus poseedores.

UNUS SED LEO

Es la criptomoneda creada por el *exchange* Bitfinex en 2019. Es utilizada para ofrecer descuentos a las operaciones realizadas con LEO.

USD Coin

Mención aparte merece esta criptomoneda. Posiblemente sea una buena plataforma de entrada para aquellos recelosos del mundo cripto. Es una moneda que mantiene el mismo valor que el dólar estadounidense. La diferencia con respecto a Tether, es que cada USDC se encuentra respaldado por un dólar real. El consorcio Circle, con sede en Boston, es el encargado de *tokenizar* los dólares y mantener la paridad.

VeChain

VeChain es una plataforma *blockchain* enfocada a la trazabilidad en las cadenas de suministro, registrando un producto desde su creación hasta el momento de su venta, pasando por todas las transformaciones que sufre. Utiliza Prueba de Autoridad como algoritmo de consenso de forma que los nodos validadores de bloques no son anónimos, sino que deben estar aprobados. Todas las operaciones se pagan con el *token* VET, incluidas las acciones de los mineros.

Wanchain

Es una plataforma creada por Dustin Byington y Jack Lu en 2017. Si bien al principio utilizaba la red Ethereum, actualmente corre sobre su propia *blockchain* que usa PoS. El objetivo de la plataforma es la de ser una suerte de intermediaria entre otras *blockchains* que permita el intercambio de diferentes monedas sin ningún tipo de problema. Su *token*, el WAN, es el equivalente al Ether en Ethereum. Se trata del motor de las transacciones y los contratos inteligentes. Al igual que en ETH, se pueden crear aplicaciones descentralizadas sobre ella y crear *tokens*.

Waves

Waves es una *blockchain* que nació en 2016 a manos de su fundador Alexander Ivanov. Es una plataforma descentralizada que permite a los usuarios crear contratos inteligentes sin conocimientos avanzados de programación y, por tanto, crear sus propios *tokens*. De esta forma, facilita la financiación de nuevos proyectos. La cadena de bloques está basada en LPoS (prueba de toma de posición, similar a PoS) que necesita menos energía y no consume el equivalente al "gas" en Ethereum. Se acumulan WAVEs para decidir quién es el que agrega un nuevo bloque. Además, se utiliza el *token* para acceder a los servicios de la plataforma.

Wrapped Bitcoin

Es un proyecto creado dentro Wrapped Tokens, que pretendía crear un *token* que representara a bitcoin en Ethereum. Por tanto, un *token* wBTC se intercambia a razón de 1:1 por BTC o, mejor dicho, para generar un wBTC se debe almacenar un bitcoin y viceversa. Gracias a este *token*, es posible acceder a contratos inteligentes de la red Ethereum usando bitcoin. Su principal inconveniente es que su sistema de custodia de BTC está centralizado, por lo que la seguridad ofrecida disminuye mucho.

Yearn.finance

Es una plataforma de finanzas descentralizadas (DeFi) construido sobre *blockchain*, que lanzó su propia criptomoneda (YFI) en julio de 2020 con un éxito sin precedentes, llegando a cotizar por encima de los 32.000□$.

Su idea original era la de servir únicamente como ponderación de voto a los poseedores de YFI, pero dada la solidez del proyecto, inversores se han dispuesto a comprarla de forma masiva.

Zcash

Es una *blockchain* basada en Bitcoin con el añadido de que permite aumentar la privacidad de las transacciones. Fue creada en 2015 por Zooko Wilcox. Además de hacer posible la privacidad del emisor y receptor (de forma opcional), los costes son muy bajos. Su moneda es el ZEC.

0x

El proyecto 0x fue fundado en 2016 por Amir Bandeali y William Warren con el objetivo de crear una plataforma que permitiese construir *exchanges* distribuidos. Para ello crearon el protocolo 0x con la idea de crear dichos *exchanges* mediante DApps basadas en el uso de *smart contracts* sobre Ethereum.

El *token* 0x, cuyo *ticker* es ZRX, se utiliza para compensar las transacciones a los nodos que ejecutan los contratos, llamados *relayers*. Además, los poseedores de este *token* pueden participar en la gestión de la red.

Como ha podido comprobar, existen multitud de monedas alternativas, cada una con sus peculiaridades y mejoras con respecto a Bitcoin y Ethereum. Las que aquí se han presentado son fácilmente adquiribles en cualquier *exchange*. Si desea profundizar en el tema, puede visitar CoinMarketCap y acceder a los listados de los *tokens* y criptomonedas más importantes, así como información relevante sobre las mismas.

Recuerde los principales puntos de este capítulo:

Las altcoins son las monedas alternativas a BTC, como ETH, LTC o GEO.

El objetivo de la gran mayoría de altcoins es mejorar una o varias de las características que Bitcoin no cubre de forma realmente satisfactoria (volatilidad, rapidez, etc.) o son *tokens* que sirven para un propósito definido por un *smart contract*.

En la actualidad, según CoinMarketCap, existen más de 2200 *tokens* y más de 1000 criptomonedas.

BLOQUE III: INVERSIÓN

Capítulo 12: Finanzas descentralizadas

"Las tecnologías de registro distribuido como las criptomonedas y los activos digitales están sacudiendo el sistema."

Christine Lagarde, economista y presidente del BCE

En este momento usted es capaz de describir qué es una *blockchain* y los mecanismos propios de Bitcoin y Ethereum. Comprende, además, lo que es la *tokenización* y conoce una buena cantidad de criptoactivos. El saber no ocupa lugar, es cierto, pero mi vertiente técnica me hace ser pragmático. Adquirir nuevos conocimientos sin obtener réditos por ello, es como seguir una dieta o hacer deporte sin mejorar marcas o la condición física. Para mí supone un esfuerzo baldío, por eso priorizo el estudio de nuevos conceptos que realmente me supongan algún beneficio no puramente espiritual. Esa misma filosofía es la me ha llevado a escribir el tercer bloque de este libro. Una vez finalizada la lectura de los siguientes capítulos será capaz de abrir su propia cuenta en uno o varios *exchanges*, aportar cripto a un *pool* de liquidez y aprovechar muchas de las bondades que ofrecen las finanzas descentralizadas.

Ya en mi primer libro advertí al lector de cuidarse de algunos errores que pueden costar muy caros:

- Invertir el dinero que puede necesitar en el corto plazo.
- Concentrar toda su inversión en unos pocos activos o que estén correlados.
- Aportar dinero a un producto o proyecto que no conoce.

Estos errores cometidos en las DeFi pueden costarle, si cabe, un dolor de cabeza mayor, ya que el mundo cripto es un mundo muy volátil y de alto riesgo al que solo debe dedicar una pequeña parte de su cartera de inversión, que será mayor o menor en función de su perfil.

Este bloque puede considerarse como la continuación de primer libro, "La Cartera Sostenible". Si necesita adquirir y afianzar conceptos sobre rentabilidad y riesgo, diversificación y construcción de carteras, sería conveniente que lo leyera antes de poner en práctica los contenidos aprendidos aquí.

Gracias a la descentralización, la eliminación de la necesidad de una tercera parte confiable, los contratos inteligentes y la criptografía, ha surgido una nueva forma de invertir que no éramos capaces de imaginar solo hace unos años: Las DeFi (Decentralized Finance) o finanzas descentralizadas. El nombre hace referencia a la capacidad que tienen las estructuras como *blockchain,* o las DLT en general, de ofrecer plataformas descentralizadas que hagan de soporte a nuevos servicios financieros que no incluyen intermediarios, abaratando así los costes y multiplicando la oferta de productos a los que se puede acceder, así como el número de personas que pueden contratarlos. Además, al menos por ahora, quedan fuera del alcance de decisiones políticas, lo que es una buena noticia, no solo por su influencia, sino por la burocracia que se evita.

Dado que las DeFi hacen uso de contratos inteligentes para funcionar, resulta evidente que los primeros pasos se dieron en la red Ethereum a partir de 2016. Tenga en cuenta que, si usted se convirtiese en un experto en esta materia, la persona del mundo con mayor conocimiento y experiencia solo tendría 4 años de ventaja con respecto a usted, lo que resulta fascinante. No muchas veces a lo largo de la historia se dan estas circunstancias y que, equivaldrían literalmente, a las vividas por la gente que comprendió y aprovechó la importancia de Internet o aquella que decidió emprender en las Américas tras el descubrimiento. En este último caso, sin los molestos inconvenientes que suponen un viaje de tres meses a través del Atlántico en un pequeño barco de madera, los peligros de enfrentamiento con los nativos, el ser devorado por cualquier bicho en la selva o infectarse de cualquier enfermedad mortal.

La importancia de las DeFi es tal, que aún no se conoce el alcance real que podrían alcanzar, ni los productos que pueden ofrecer. En lo que sí hay un consenso por parte de los economistas es que han llegado para quedarse, cada vez conseguirán mayor cuota de mercado y obligarán a cambiar la forma actual de invertir, gestionar y comprender las finanzas a nivel mundial.

Tal y como dijo Christine Lagarde, *"las tecnologías de registro distribuido como las criptomonedas y los activos digitales están sacudiendo el sistema."*

Desde la aparición de la primera DAO (The DAO), que a pesar del fiasco inicial puede considerarse como la primera organización de finanzas descentralizadas, la variedad de plataformas DeFi y productos a los que es posible acceder crece día a día. En este capítulo se detallarán los más importantes.

Debe tenerse en consideración que el nivel de descentralización no es el mismo en todas las plataformas disponibles en el mercado. Así, mientras Uniswap es un *exchange* totalmente descentralizado, Binance es una plataforma centralizada que permite acceder a la compra y venta de *tokens* de otras plataformas y *blockchains* descentralizadas.

Aunque Binance es una compañía en la que se puede confiar, no está exenta de riesgos derivados de su centralización.

Los principales problemas que presentan son la susceptibilidad a ataques y la necesidad de confianza que debe depositar el cliente porque en cualquier momento, la entidad podría cambiar las condiciones sin ningún impedimento y, en el caso peor, desaparecer con el dinero. Además, debido al alto volumen de tráfico que soportan pueden llegar a saturarse durante algún tiempo. Como ejemplo de ello podemos mencionar a Bithumb, que, ha presentado problemas desde que fue hackeado en 2019 y actualmente se encuentra bajo investigación por parte de la policía surcoreana ante sospechas de fraude.

Por estos motivos, ante la disyuntiva de elegir un sistema centralizado o uno descentralizado, nos deberíamos decantar por este último.

PLATAFORMAS

0x

Como ya se apuntó en el capítulo anterior, 0x es una plataforma que surgió en 2016 con el objetivo de facilitar la creación de *exchanges* descentralizados mediante el uso del protocolo 0x, que es gratuito y de código abierto, para que programadores y empresas desarrollen productos descentralizados para comprar y vender *criptotokens*.

Augur

Augur es una plataforma que permite generar informes con predicciones de diferentes mercados a partir de determinados indicadores mediante un protocolo P2P sobre Ethereum y un oráculo diseñado para ello. De esta forma, la información pasa del mundo real al mundo *blockchain* sin la necesidad de una tercera parte de confianza. los usuarios participan en la creación de estas predicciones. La versión de producción se lanzó en 2018. Su *token* REP se utiliza para premiar a los usuarios que crean pronósticos acertados.

Al igual que la anterior, está orientada a desarrolladores o a empresas que deseen profundizar en el desarrollo de productos descentralizados.

A partir de este punto se presentarán únicamente plataformas que sean accesibles al gran público.

AAVE

Es la primera de las plataformas aquí presentadas que le permitirá acceder a préstamos y depositar activos criptográficos a cambio de un rendimiento. Como se comentó en el capítulo anterior, en un principio se utilizaba el LEN como *token* propio para votar las propuestas de mejora, pero se está realizando una migración a AAVE. Si usted posee AAVE puede hacer *staking* para facilitar la migración recibiendo a cambio 400 AAVE al día.

Los usuarios pueden depositar una cantidad determinada de un criptoactivo (de los aceptados en la plataforma) y a partir de ese momento recibirá ingresos pasivos basados en la demanda de préstamos. Además, si necesita solicitar un préstamo podrá utilizar su depósito como colateral para obtener mejores condiciones.

Los fondos depositados se almacenan en un *smart contract* que, aunque ha sido auditado, conlleva un riesgo de fallo en el protocolo.

En cuanto a comisiones, varían entre el 0.00001% y el 0.09% en función si es para un depósito o para un préstamo. Por supuesto, al correr sobre Ethereum, existirán algún coste en forma de gas, que dependerá de cómo se encuentre la red ETH en el momento en el que haga la transacción.

Figura 12.1 AAVE. Depósitos

En la figura 12.1 se puede comprobar como el interés anual ofrecido por los depósitos oscilan entre el 0,07 % de ETH y el 104,84 % de sUSD.

Figura 12.2 AAVE. Préstamos

En cuanto a los préstamos, en casi todos los casos se ofrece interés variable. Nuevamente se observa una gran diferencia entre el 0,84% anual del préstamo ligado a ETH y el 98,6% ligado a sUSD.

Torque

Es una plataforma similar en la anterior en la que es posible acceder a préstamos y depósitos con la principal diferencia de que, en este caso, solo se ofrecen tipos de interés fijos en deudas perpetuas. Esto es, no tienen fecha de finalización. Un préstamo se liquida cuando la posición cae por debajo del margen de mantenimiento. Los prestatarios son personas que desean utilizar sus activos digitales para construir posiciones apalancadas.

El interés que se paga a los prestamistas proviene de las tarifas que pagan los prestatarios a cambio del acceso a liquidez cuando operan en *margin trading*.

Compound

Es una plataforma de préstamos que permite a los usuarios tanto depositar como solicitar criptomoneda. El funcionamiento es similar a las anteriores.

Un depositante aporta una cierta cantidad de criptoactivos por la que recibe una rentabilidad que se establece al contratar el producto. Los fondos se destinan a un *pool* donde los usuarios que desean pedir un préstamo hacen sus solicitudes. Todos los usuarios que decidan hacer una solicitud deben ofrecer una garantía (generalmente con otra criptomoneda). En el caso de Compound la garantía es mayor que la del dinero prestado.

Los intereses generados por los prestatarios se destinan al depositante.

El funcionamiento sería el siguiente:

Un usuario solicita un préstamo de 1.000□$ en ETH y aporta como colateral 1.100□$ en BAT, con la esperanza de que el valor del ETH suba por encima del interés del préstamo. De esa forma, obtiene beneficios. Es una forma de inversión apalancada.

Coinrule

Es una plataforma centralizada que ofrece al usuario la posibilidad de automatizar sus operaciones de compra y venta de cripto en base a sus propias estrategias. Su interfaz de usuario es realmente intuitiva. Posiblemente, es la mejor plataforma de automatización de estrategias que existe actualmente en el mercado.

No han llegado a lanzar ninguna ICO porque primero, no han necesitado el dinero (tienen el soporte de grandes empresas como RBS) y, segundo, una moneda propia no aportaría nada a su plataforma.

Puede abrir una cuenta gratuita con la que automatizar dos reglas conectadas a un único *exchange*. Con la cuenta pro, por unos 30 $ al mes, podrán automatizar 7 reglas en 2 *exchanges* distintos.

No es una plataforma DeFi en sí, pero puede resultar de mucha ayuda.

Young Platform

Young Platform es un ecosistema nacido en Italia en 2019, diseñado como plataforma de entrada a la inversión en el mundo cripto.

Gracias a su app, Stepdrop, podrá conseguir *tokens* Young (YNG) simplemente por acciones como caminar, superar test relacionados con el mundo cripto y *blockchain* y acertar predicciones sobre la tendencia de criptomonedas. Es especialmente interesante el apartado de formación. Tras leer determinados artículos y responder al cuestionario final, recibirá una cantidad de *tokens* proporcional al número de respuestas acertadas. Si bien las recompensas son pequeñas, es un incentivo importante para que las personas se formen antes de realizar su primera inversión.

Los *tokens* obtenidos pueden ser utilizados en su *exchange*, Young Platform, que permite además la compra de cripto con dinero fiat y el intercambio entre criptomonedas. Todo ello, de forma muy intuitiva. Para los usuarios más avanzados, su plataforma de *trading*, Young Platform Pro, ofrece funciones y tarifas competitivas. Es de los mejores *exchanges* en cuanto a los indicadores de análisis técnico ofrecidos.

Además, si vive en Italia podría ir de compras y pagar con YNG. Tampoco es una plataforma descentralizada, pero puede ser una buena puerta de entrada al mundo cripto y productos DeFi.

Voluto

Voluto es la alternativa DeFi a las cuentas de ahorros con la diferencia sustancial, de que los intereses ofrecidos llegan hasta el 6%. Gracias a la descentralización, no existen intermediarios ni terceras partes. Los fondos pueden ser retirados sin ninguna penalización en todo momento.

Los fondos aportados se invierten en un *cash pool* en la plataforma Compound, una red virtual global y abierta de depositantes y prestatarios. Así, los primeros aportan fondos y obtienen intereses de forma inmediata y los segundos son los que, tras obtener su préstamo, generan el interés para los primeros.

Los prestatarios deben ofrecer algún activo como colateral de forma que se incremente la seguridad para los depositarios. Los tipos de interés son variables y dependen de la oferta y demanda.

Como en todos los casos mencionados en este capítulo, existe un riesgo asociado a la calidad con la que se hayan desarrollado los contratos inteligentes.

Para poder utilizarla es necesaria la descarga de su aplicación desde la app store de su sistema operativo móvil.

Stake.fish

Es una plataforma descentralizada que permite aportar *tokens* en *blockchains* que usan el protocolo de consenso PoS (Proof of Stake). Stake.fish es un validador profesional que permite a los usuarios hacer *stake y* recibir un rendimiento anual por ello.

Actualmente es posible hacer *staking* en Ethereum, Polkadot, Tezos, Cosmos y Cardano entre otros. Los rendimientos anuales oscilan entre los 0%-20% en Polkadot y los 7%-20% de Cosmos.

yEarn.finance

Si el ecosistema yEarn.finance cumpliera finalmente con sus expectativas sería, simplemente, la leche (perdone la expresión, pero no encuentro otra más adecuada que no sea un taco de los gordos). No en vano, su *token*, el YFI, ha llegado a cotizar por encima de los 32.000 $.

Lo que realmente nos ofrece es un conglomerado de productos y servicios DeFi al alcance de unos pocos clics en la misma web muy intuitiva.

Los productos ofrecidos se dividen en los siguientes apartados:

- *Earn*: Permite depositar *stablecoins* y wBTC y los invierte en *yield farming* (granjas de rendimiento), encargándose la misma aplicación de distribuirlos en aquellas con mayores ganancias. El interés recibido es fijo y se establece a la hora depositar los activos.
- *Zap*: Permite intercambiar criptomonedas
- *Vaults*: Es similar a la opción *Earn*, pero permite invertir *tokens* de *stake* que se hayan obtenido en un *pool* de liquidez.
- *Experimental*: Espacio para *Vaults* experimentales.
- *Stats*: Estadísticas sobre el rendimiento de los *Vaults*.
- *Dashboards*: Muestra los gráficos relativos a la cartera del usuario.

Lightning Network

Es una plataforma de pago que usa transacciones Bitcoin y contratos inteligentes. Permite crear canales de pago bidireccionales entre diferentes *blockchains*. Para hacer uso de la red, es necesario tener una Lightning Network *wallet*.

LN Markets

Esta es una herramienta que permite operar con derivados, que solo puede ser accedida a través de Lightning (un protocolo de pagos que se ejecuta sobre Bitcoin). En manos de un experto, puede generar grandes plusvalías, pero presenta un riesgo tan elevado que no es recomendable para el público en general. Ya en mi anterior libro, advierto que los productos apalancados no son recomendables para un inversor novel.

Se puede afirmar que la principal ventaja es la de posicionarse corto sobre un activo, pero repito que es una opción para inversores con años de experiencia.

Etherisc

Es una plataforma descentralizada creada por una empresa alemana que permite la creación de seguros y reaseguros mediante contratos inteligentes que corren sobre Ethereum.

Actualmente ofrece una amplia variedad de productos como seguros de retraso de vuelos, protección frente a huracanes, contra robo de carteras electrónicas, cosechas y protección de colaterales en préstamos con criptomonedas.

Uniswap

Uniswap es uno de los proyectos DeFi con mayor proyección del momento. Está financiado por la Fundación Ethereum, lo que supone un apoyo muy importante, no tanto por las cifras económicas, si no por la solidez que aporta al proyecto. Es un *exchange* descentralizado que permite realizar intercambios (*swaps*) entre *tokens* ERC20 utilizando un *pool* de liquidez en lugar del libro de órdenes de compra/venta de cualquier *exchange* clásico (o de cualquier bolsa de valores).

La idea es sorprendentemente sencilla. Se crea un *pool* de liquidez para cada uno de los pares de *tokens* que se pueden intercambiar, por ejemplo, ETH-GEO. Los proveedores de liquidez son los usuarios que depositan pares de *tokens* ETH-GEO y que obtienen rentabilidad a través de las comisiones del 0.3 % o 0,6 % sobre el coste del *swap* que pagan los *traders* (en función de si al menos uno de los *tokens* intercambiados es ETH o no). Estos últimos son los usuarios que quieren realizar un intercambio de *tokens*. Además, el *trader* tendrá que hacerse cargo del coste del gas. Todo esto redunda en un sistema descentralizado, robusto, muy seguro y con unas comisiones mucho más bajas que las de cualquier *exchange* centralizado.

Los proveedores de liquidez pueden obtener ganancias muy elevadas. En el caso de ETH-GEO, se han llegado a alcanzar rentabilidades superiores al 1.000% anual, aunque a día de hoy, a finales de 2020, la rentabilidad se sitúa en torno al 200%, lo que no es nada desdeñable.

La rentabilidad depende de la combinación de dos factores, la liquidez y el volumen, según las siguientes reglas:

- *Liquidez y volumen elevados*: Se obtendría un rendimiento medio, ya que se ganarán muchas comisiones gracias al alto volumen, pero el precio del swap será bajo por la alta liquidez.
- *Liquidez y volumen bajos*: El rendimiento obtenido sería medio porque se conseguirían pocas comisiones debido al bajo volumen, pero con un alto precio de swap.
- *Liquidez baja y volumen elevado*: Alto rendimiento gracias a que se conseguirían muchas comisiones debido al alto volumen con un precio de swap elevado por la escasez de liquidez.
- *Liquidez elevada y volumen bajo*: Estamos ante el peor de los escenarios. El rendimiento sería bajo por las pocas comisiones obtenidas debido al bajo volumen y a un precio bajo por la elevada liquidez.

Es un protocolo open source que utiliza contratos inteligentes sobre Ethereum, lo que ha facilitado que se produzcan *hardforks* como con el que surgió Sushiswap, que se explicará en el siguiente epígrafe.

Sushiswap

Es un *exchange* descentralizado surgido a mediados 2020 con notable éxito Tanto es así, que logró bloquear más de 1.000 millones de dólares en solo cinco días e hizo que el precio del gas en Ethereum se disparase. Doy fe, porque fui uno de los perjudicados en mis operaciones de agosto de ese año.

Sushiswap es una bifurcación de Uniswap que ofrece mayores recompensas a su comunidad y con un *token* nativo usado para que sus poseedores puedan votar las decisiones a tomar en la red. La principal diferencia con Uniswap radica pues en la gobernanza. El hecho de que en Uniswap sea centralizada hace que solo unos pocos son los que se mantienen como gestores del protocolo, obteniendo así grandes beneficios. Por su parte, Sushiswap ha descentralizado la gobernanza de su red, lo que se traduce que el poder y el dinero queda en manos de la *blockchain*. De esta forma los usuarios que mantengan *tokens* de Sushi obtienen ingresos pasivos. Los costes son similares en los dos *exchanges*.

La forma de obtener *tokens* es muy sencilla, únicamente se deben depositar en sus contratos inteligentes *liquidity tokens* de Uniswap. De esta manera, mediante *yield farming*, se van obteniendo tokens sushi. Debido a este mecanismo, la liquidez agregada de Uniswap ha crecido sensiblemente desde la aparición de Sushiswap.

En cuanto a contras, el número de pares de monedas que se pueden intercambiar en Sushiswap es significativamente menor, además, es un proyecto no auditado, con todos los riesgos que ello conlleva.

Binance

Binance es uno de los principales, si no el principal, *exchange* del mundo. Cabe resaltar que, aunque está centralizado y no forma parte del mundo DeFi, permite comprar y vender criptoactivos de sistemas que sí lo son. Fundado en China en 2017, es uno de los más intuitivos y fáciles de utilizar. Comercializa productos derivados, permite depositar monedas en *pool* de liquidez y acceder a préstamos. Permite intercambiar dinero fiat por criptoactivos mediante tarjeta de crédito, débito y transferencia bancaria, y sus comisiones son razonables. Puede usarse como un monedero digital donde guardar las diferentes criptomonedas que permite intercambiar.

En el capítulo anterior se describieron las particularidades del *token* propio de Binance, y las ventajas para sus poseedores.

Desde su web es posible acceder a Binance Academy, donde se incluyen tutoriales, cursos y otro material de aprendizaje sobre criptomonedas y *blockchain*.

CoinBase

Es una de las principales plataformas de intercambio de criptomonedas junto a Binance, con más de 35 millones de usuarios verificados. Pertenece a CoinBase Inc., una compañía fundada en 2012 en San Francisco por Fred Ehrsam y Brian Amstrong. Al igual que Binance, es un *exchange* centralizado que además facilita al usuario una dirección de *wallet* que puede usarse como monedero virtual. Mediante su aplicación Coinbase Commerce permite a las empresas recibir pagos de criptomoneda.

Actualmente permite la compra y venta de Bitcoin, Bitcoin Cash, Ethereum, Ethereum Classic, ETC, Litecoin, XRP, 0x, USD Coin y Stellar Lumens.

Bitforex

BitForex es una compañía con sede en Hong Kong, pero registrada en las islas Seychelles. Ofrece una plataforma segura de negociación de criptoactivos. Además de compra y venta de *criptotokens* y criptomonedas permite operar con derivados. Su token interno es el BF, que permite al usuario beneficiarse de menores comisiones. Junto con Binance y Uniswap, es uno de mis *exchanges* favoritos.

Binance P2P

Es la versión para intercambio peer to peer de Binance. Se puede realizar una petición de compra o de venta a un precio determinado y esperar a que alguien acuda a la operación. Es necesario registrarse en su plataforma con lo que se dice adiós al anonimato, pero reduce al máximo la posibilidad de estafa. El precio de las monedas puede oscilar un 20% al alza y a la baja respecto al valor real de las criptomonedas.

Presenta un mecanismo de recurso al que acudir ante una disputa entre las dos partes. En tal caso, Binance P2P actuaría como árbitro.

Opyn

Es una plataforma (sin custodia) de derivados y gestión de riesgos DeFi mediante opciones fundada por Zubin Singh Koticha. El principal uso de estos derivados es el de cubrir una operación de compra o venta de criptomoneda con la opción de compra o venta a un precio definido previamente, de forma que, si una operación de compra resulta satisfactoria, no se haría efectiva la opción de venta sobre ese mismo activo a un precio inferior, perdiendo únicamente el precio de la opción. En caso de que la operación de venta entre en pérdidas, se haría efectiva la opción de venta a un precio inferior al inicial, y se mantendrían los beneficios.

También ofrece protecciones contra fallos en los *smart contracts*.

LocalBitcoins

Es una plataforma de intercambio P2P fundada en 2012 con sede en Finlandia. No presenta ningún tipo de limitación al precio de compra/venta como sí hace Binance P2P. Tanto vendedores como compradores pueden realizar sus ofertas a la espera de que sea atendida totalmente. Esto es así porque un comprador puede adquirir únicamente parte de la cantidad ofertada por el vendedor. Las criptomonedas ofrecidas por el vendedor quedan en custodia de la plataforma hasta que la venta sea efectiva.

OTRAS HERRAMIENTAS ÚTILES

Coinmarketcap

Coinmarketcap es la mejor web donde acceder a una información tan relevante como es la capitalización de una moneda, que se calcula multiplicando el número de monedas en circulación por el precio actual.

Los indicadores más importares que se pueden consultar son: *market capitalization, circulating supply, total supply* y *maximum supply.*

Dado que las estrategias de inversión, no son objeto de este libro, su explicación se dejará para el siguiente libro de la serie.

Bitcoinwisdom

Es un *exchange* que puede utilizarse simplemente como plataforma de análisis técnico, siendo una de las más completas del mercado.

Blockfolio

Es una herramienta fundamental para el seguimiento de porfolios. Ayuda a tomar decisiones de compra y venta y se puede conectar a los principales *exchanges*.

Coingecko

Es una de las mejores ayudas a la hora de realizar el análisis fundamental de un criptoactivo. Además de la capitalización de mercado, incluye indicadores como el progreso de un proyecto, crecimiento de su comunidad, incluso ofrece datos del estado del código mediante rastreo de GitHub.

TIPOS DE INVERSIÓN

A lo largo de este capítulo se han ido desgranando las posibles inversiones que se pueden realizar en el mundo cripto, pero en este apartado se explicarán de forma más detallada.

ICO

Son las siglas de *Initial Coin Offering*, mediante el cual se venden criptomonedas, generalmente *tokens*, para financiar un proyecto vinculado a dicho *token*. Los inversores acuden a este tipo de mecanismo con la esperanza de que en el futuro la demanda haga que el precio del activo suba.

Se considera una inversión de muy alto riesgo, ya que se podría dar el caso, tal como ha sucedido en anteriores ocasiones, de que los desarrolladores abandonen el proyecto y los *tokens* tomen valor cero. Hablando en términos simples, equivaldría a la compra de acciones de un germen de *startup*. Por ese motivo, es imprescindible estudiar bien el proyecto antes de embarcarse en una de estas aventuras.

Existen también alternativas intermedias. Yo, como pequeño inversor de GeoDB, junto con la compra de acciones recibí un incentivo en forma de *tokens* de la compañía.

HODL

El término original es *Hold*, pero se hizo famoso por la falta de ortografía que cometió un usuario de BitcoinTalk, que estaba borracho. Posteriormente se ha considerado que son las siglas Hold On For Dear Life. En fin, hay gente para todo. Es la compra de activos criptográficos con el objetivo de que se revaloricen en el futuro, pero sin invertirlos en otro producto adicional.

Yield farming

Los usuarios poseedores de *criptotokens* pueden obtener rendimientos de forma pasiva mediante este mecanismo consistente en que un usuario deposita activos en un *pool* que está a disposición de otros usuarios que solicitarán préstamos. Los depositantes obtienen sus beneficios de las tasas o fees generadas y/o de los intereses generados. Todos los usuarios que decidan hacer una solicitud deben ofrecer una garantía (generalmente en otra criptomoneda) y que suele ser mayor a la cantidad solicitada.

Por otra parte, un usuario solicita un préstamo de 1.000□$ en ETH y aporta como colateral 1.100□$ en otro *token*, con la esperanza de que el valor del ETH suba por encima del interés del préstamo. De esa forma, obtiene beneficios. Es una forma de inversión apalancada.

Una de las plataformas más indicadas para este propósito es Compound.

Liquidity mining

Es una variante de *yield farming* donde el depositante se ve recompensado por una característica del protocolo por el que se le adjudican *tokens* de gobernanza y que busca aumentar la liquidez en el sistema. De esta forma, si sube el valor del *token* de gobernanza, se obtendrán más rendimiento, lo que a su vez hará de efecto llamada para otros usuarios que aportarán mayor liquidez, volverá a mejorar los beneficios del protocolo y un aumento del precio del *token* de gobernanza. Es el denominado círculo virtuoso del *liquidity mining*. Es el motivo por el cual Sushiswap disfrutó de un ascenso meteórico en sus inicios.

Staking

Con la llegada del protocolo PoS como algoritmo de consenso se abre la puerta a la generación de ingresos pasivos de una forma muy diferente a la minería. Así, los nodos validadores de la *blockchain* que tengan mayores cantidades de *tokens*, tendrán mayores probabilidades de validar un bloque.

Las recompensas se pueden calcular de muchas formas, y depende de la *blockchain* en particular sobre la que se haga el *staking*. Puede ser un porcentaje fijo sobre la cantidad participada, o sobre el tiempo de validación del nodo con respecto al total, o simplemente una cantidad fija de monedas.

Algunos *exchanges* poseen *pool* de *staking* donde se reparten los beneficios entre los participantes.

Existen varios tipos de *staking* ofrecidos por los *exchanges*, pero los más comunes son los dos siguientes:

- Bloqueado: El usuario bloquea sus criptoactivos durante un período de tiempo fijo y obtiene rendimientos en contraprestación. Cuanto mayor sea el tiempo de bloqueo, mayor será el beneficio obtenido.
- Flexible: a cambio de obtener un menor retorno de la inversión, existe la posibilidad de obtener ingresos pasivos sin establecer un período fijo de bloqueo, sino que los fondos se pueden retirar cuando se desee.

Productos derivados

Los productos derivados son instrumentos financieros cuyo valor depende de cómo evolucionen los precios de sus activos. Permiten entre otras cosas, posicionarse corto contra un activo y es susceptible de ser apalancado, ya que se necesita una inversión pequeña en comparación a la exposición a la que se está sujeto. Son productos de alto riesgo que deben ser utilizados únicamente por expertos. Si finalmente se decide por operar con este tipo de productos, una de las plataformas más recomendables es Opyn.

Stablecoins

Las *stablecoins* surgieron ante la necesidad de mitigar la volatilidad que sufren la mayoría de criptomonedas, que puede superar el 10% intradía, lo que dificulta seriamente las estrategias de *trading*. Son criptomonedas que replican el comportamiento de una moneda fiat (el dólar americano en casi todos los casos) y mantienen un colateral para esta tarea. La gran mayoría de *stablecoins* tienen como colateral la propia moneda americana, pero otros, como DAI, utilizan criptoactivos (ETH y BAT) para mantener fijo el tipo de cambio.

La forma más sencilla de invertir con *stablecoins* es la de comprar otro activo como BTC o ETH con la esperanza de que suba su precio, obteniendo así beneficios y teniendo en cuenta que, si el precio bajase, la operación resultaría en pérdidas. Si, además, se realiza con apalancamiento se pueden multiplicar las pérdidas y ganancias.

También es posible depositar *stablecoin* en plataformas como Compound y obtener un rendimiento por ello.

Otra alternativa sería solicitar un préstamo y obtener rentabilidad por ello (tal y como se detalló en páginas anteriores).

Usted puede solicitar un préstamo de 1.000 DAI, para lo que se necesita colateralizar entre un 120 % y un 150 % según la plataforma. Así, usted depositaría como garantía ETH equivalente a un mínimo de 1.200 $ para participar. Si el ETH sube de valor en torno a un 20 %, usted tendrá 1.400 $ y, además, habrá usado los DAIs prestados en otra operación que le supusiese ganancias, como un depósito. Tras devolver los DAIs prestados y pagar las comisiones, las ganancias se sitúan por encima del 20 %

Básicamente lo que hace es aprovechar la volatilidad del resto de criptomonedas en comparación con la estabilidad del Tether, DAI u otras *stablecoins*.

Seguros

Ya se ha comentado en líneas anteriores las bondades de la plataforma descentraliza de seguros Etherix, que permite la creación de productos de seguros y reaseguros mediante contratos inteligentes que corren sobre Ethereum.

Actualmente ofrece una amplia variedad de productos como seguros de retrasos de vuelos, protección frente a huracanes, contra robo de carteras electrónicas, cosechas y protección de colaterales en préstamos con criptomonedas.

Otra firma a tener en cuenta es Nexus Mutual, que también corre sobre Ethereum y ofrece coberturas contra fallos en los contratos inteligentes y ataques informáticos.

EXCHANGES

Es importante hacer un alto en el camino para hablar brevemente de los *exchanges*, dado que su funcionamiento puede llevar a confusiones, sobre todo en cuanto a su funcionamiento y el precio final de las criptomonedas.

La primera sorpresa que recibe un usuario que decide comprar una criptomoneda como por ejemplo bitcoin es que su precio no es el mismo en todos los *exchanges*, si no que depende de la oferta y la demanda que se da en cada uno de ellos, ya que no hay un precio oficial. El precio que se puede leer en las noticias responde a un promedio del precio de compra de los principales *exchanges* mundiales. Si bien éstos podrían alterar el precio, la ley de la oferta y la demanda y libre mercado hace que el precio sea similar en todos ellos, ya que los inversores se mueven de uno a otro en función de la rentabilidad que puedan obtener.

Pero, ¿qué es realmente un *exchange*? Es una plataforma donde se pueden intercambiar criptomonedas (o *criptotokens*) por otros, y en el caso de los centralizados, además éstas por dinero fiat. Por tanto, si usted es primerizo en este mundo, no tendrá más remedio que acudir a un *exchange* centralizado para comprar criptoactivos con euros, libras, dólares o cualquier otra divisa mediante tarjeta de crédito o cuenta bancaria entre otros métodos. La gran mayoría de *exchanges* permiten además acceder a otros productos como depósitos, préstamos, *yield farming* o derivados.

Como ya se ha ido comentando a lo largo del capítulo, existen dos tipos de *exchange*, centralizados y descentralizados. Ambos tienen ventajas e inconvenientes. Es recomendable que los recién llegados a este tipo inversión, utilicen los primeros hasta obtener un conocimiento profundo de los segundos. Otra opción para estos usuarios es contratar un fondo de inversión cuyo subyacente sean criptomonedas. Si es un fondo pasivo, las comisiones serán bajas, y puede merecerle la pena. En cualquier caso, en el capítulo siguiente se mostrará cómo realizar sus primeras inversiones directamente sobre un *exchange* centralizado y otro que no lo es.

Exchanges centralizados

Obviamente la principal característica de un *exchange* centralizado es que es necesario un intermediario para ejecutar la transacción deseada, lo que repercute en la falta de privacidad sobre las transacciones, el riesgo de robo o *hackeo* por el mero hecho de centralizar en un "único punto" la información sensible, el hecho que se debe confiar en que no se produzca ningún tipo de desfalco con el dinero depositado bajo custodia del *exchange* y que, además, las comisiones cobradas son más elevadas. Sin embargo, la parte positiva es que sus interfaces son más amigables, la liquidez suele ser, por lo general, mayor, y ofrecen más productos. Por regla general, este tipo de *exchange* ofrece intercambio por dinero fiat.

La gran mayoría de los principales *exchanges* son centralizados. Llegaron antes y copan mayor cuota de mercado, además, su facilidad de uso y el porfolio de productos los hacen más accesibles al público en general.

El funcionamiento de estos *exchanges* es el mismo por el que se rigen las bolsas de valores. Existe un libro en el que se introducen las ofertas y las demandas y se van realizando las transacciones según dicho libro.

Se debe prestar atención a las comisiones cobradas por este tipo de exchanges, ya que suelen ser elevadas y varían mucho de uno a otro.

Exchanges descentralizados

Los *exchanges* descentralizados utilizan protocolos sobre *blockchain* y hace que la intermediación de un tercero para realizar la transacción no sea necesaria. Los fondos aportados o la información de los clientes no son retenidos por ninguna empresa, y realizan el intercambio de criptomonedas mediante el uso de *pools* de liquidez. Como ya se ha comentado en el epígrafe anterior, la liquidez en este tipo de plataforma es menor que en las centralizadas, presentan menos productos y, sobre todo, son mucho menos amigables para el usuario final. Como contraprestación a estas desventajas, presenta comisiones mucho menores, la privacidad y la seguridad son mucho mayores, si se obvia el riesgo asociado a fallos en protocolos (sobre todo, en los no auditados, como es el caso de Sushiswap.)

A modo de conclusión, se puede afirmar que las DeFi han llegado para quedarse con una implantación cada vez más profunda y extendida. El hecho de prescindir de intermediarios en las transacciones, manteniendo unos estándares de seguridad más avanzados que los que poseen los mecanismos financieros actuales hace que la tendencia sea irremediablemente positiva. A ello ayuda, además, la facilidad y accesibilidad para un público que hasta ahora no ha podido acceder a ciertos productos y que, gracias a las DeFi, podrán hacerlo. Además, las rentabilidades ofrecidas son, de lejos, más elevadas que las que se pueden obtener con un producto financiero clásico.

Los riesgos asociados se han comentado a lo largo de este capítulo y los anteriores: alta volatilidad, falta de legislación al respecto, falta de fiabilidad de los protocolos no auditados, problemas de gobernanza, precisamente debido a la democratización de la gestión de las DAO y, por último y no por ello menos importante, la cantidad de estafas existentes por ejemplo con algunas ICO que se han lanzado. Por todo ello, hay que tener en mente 4 reglas fundamentales para todo inversor:

- Invertir solo el dinero que no se necesita a corto y medio plazo.
- Dado que suponen una inversión de riesgo, únicamente dedicar un porcentaje pequeño de la cartera.
- Solo participar en inversiones de productos que se conocen, por lo que se hace necesario el estudio del proyecto o producto sobre el que se quiere invertir.
- Priorizar la diversificación frente a las ganancias elevadas a corto plazo.

Recuerde los principales puntos de este capítulo:

Errores que pueden costar muy caros:
- Invertir el dinero que puede necesitar en el corto plazo.
- Concentrar toda su inversión en unos pocos activos o que estén correlados.
- Aportar dinero a un producto o proyecto que no conoce.

El mundo cripto es un mundo muy volátil y de alto riesgo al que solo debe dedicar una pequeña parte de su cartera de inversión, que será mayor o menor en función de su perfil.

La importancia de las DeFi es tal, que aún no se conoce el alcance real que podrían alcanzar, ni los productos que pueden ofrecer

El nivel de descentralización no es el mismo en todas las plataformas disponibles en el mercado

Ante la disyuntiva de elegir un sistema centralizado o uno descentralizado, nos deberíamos decantar por este último.

Los principales productos que ofrecen las plataformas DeFi son:
ICO, *exchange*, *trading* y *margin trading*, depósitos, préstamos, *yield farming*, *staking*, productos derivados y seguros.

Capítulo 13: Casos reales

"No aprendes a caminar siguiendo las reglas. Aprendes haciendo y cayéndote."

Richard Branson, fundador de Virgin

Todo lo descrito hasta el momento en este bloque no tiene sentido si no se pone en práctica. Por ello, en este capítulo se mostrará, paso a paso, cómo llevar a cabo las principales operaciones que pueden realizarse con criptomonedas y DeFi.

En el capítulo anterior se presentaron diferentes *exchanges*, centralizados y descentralizados y plataformas de P2P. Es altamente recomendable que el lector opte por una de las plataformas mencionadas o, en su defecto, estudie lo suficiente cualquier otra alternativa a fin de evitar ser víctima de cualquier tipo de fraude.

Si decide usar una plataforma de intercambio centralizada como CoinBase o Binance, podrá hacer uso de su monedero virtual y dejar la custodia en manos de un tercero. Desde este libro se aboga por mantener la custodia de la *wallet* y de la clave privada para así mantener la independencia. Esto conlleva una alta responsabilidad porque, en caso de pérdida de la clave privada, se perderían también todos los fondos almacenados en la wallet.

A continuación, se describen los principales tipos de *wallets* de los que puede hacer uso.

Wallet física

Suelen ser de papel o metal y contienen una dirección pública, donde almacenar criptomonedas, y una clave privada que permite acceder al contenido de la misma. Se pueden generar haciendo uso de servicios como Bitcoinpaperwallet o comprándolas directamente en mayoristas como Amazon (lo que no es nada aconsejable). En caso de optar por la versión papel, obviamente se deberán tomar las precauciones oportunas para evitar el deterioro o la pérdida del mismo. Su única ventaja es que son totalmente inmunes a ataques informáticos, pero se pueden perder fácilmente.

Wallet hardware

Es la opción más segura a la hora de almacenar criptomonedas. Son dispositivos que se conectan a un ordenador mediante un puerto USB y están diseñadas para evitar cualquier tipo de ataque informático. Se pueden adquirir por un precio más que razonable (a partir de unos 50 €). Una opción recomendable podría ser la Ledger Nano X.

Wallet móvil

Dado que los dispositivos móviles son fácilmente *hackeables*, se debe tener especial cuidado si se utiliza este tipo de carteras y evitar que convivan con otras aplicaciones desarrolladas por empresas que no sean reconocidas.

Dentro de esta categoría destaca TrustWallet, que permite almacenar una gran variedad de *tokens* y criptomonedas. Es compatible con la mayoría de *exchanges* descentralizados.

Plugins

Se tratan de extensiones para navegadores como Chrome, entre las que destaca MetaMask, un *plugin* desarrollado por Aaron Davis y Dan Fiblay en 2016, que permite la interacción de DApps de Ethereum con el *browser* de Google, Firefox o Brave, entre otros. Además, sirve como monedero de ETH y *tokens* de la red Ethereum.

En resumen, para grandes volúmenes de monedas la mejor solución sería optar por una *wallet hardware*, mientras que para las operaciones del día a día, lo mejor sería utilizar una *wallet* móvil/web como TrustWallet o MetaMask en caso de que trabaje con *tokens* de la red Ethereum.

Tenga en cuenta que las operaciones descritas a continuación pueden incurrir en pérdidas. Por ello tenga en cuenta que:

- Solo debe invertir un pequeño porcentaje sobre la parte de renta variable de su cartera.

- En función de su perfil de riesgo, la parte destinada a renta variable debe oscilar entre el 10-15% y el 80% del total.

- No invierta dinero que pueda necesitar a corto o medio plazo. La volatilidad de los criptoactivos es muy elevada.

- Invierta solo en aquellos productos que conozca. Dedique el tiempo necesario al estudio de aquello en lo que piensa invertir.

INTERCAMBIO FIAT-CRIPTO/CRIPTO-FIAT

La primera y más sencilla de las operaciones que puede realizar un inversor de criptomonedas es la adquisición a cambio de moneda fiat. Existen tres posibilidades para realizarla:

Compra en un cajero

Es una opción muy sencilla que se puede llevar a cabo con tarjeta de crédito o débito. En el buscador coinatmradar puede encontrar el cajero más cercano a su lugar de residencia. Preste atención a las comisiones que le pueden cargar porque varían sustancialmente de uno a otro.

No todas las criptomonedas o *tokens* pueden ser adquiridas mediante este procedimiento. Generalmente podrá encontrar las siguientes:

- Bitcoin (BTC)
- Bitcoin Cash (BCH)
- Ether (ETH)
- Dash (DASH)
- Litecoin (LTC)
- Zcash (ZEC)
- Monero (XMR)
- Dogecoin (DOGE)
- Tether (USDT)
- Ripple (XRP)

Tras insertar su tarjeta en el cajero, deberá indicar la cantidad de moneda a retirar, así como la dirección de la cartera donde quiere depositarla.

También es posible la operación inversa, vendiendo sus criptomonedas y haciendo el ingreso en su tarjeta de crédito/débito. Recuerde que las comisiones de venta son mayores que las de compra.

Intercambio P2P

Es la más barata y rentable de las opciones porque se pueden hacer compras con descuentos muy importantes, pero también la más insegura y expuesta a fraude. Si se decide por esta opción es recomendable que utilice la plataforma Binance P2P. Las transacciones no son anónimas y ofrece un servicio de arbitraje, con lo que la posibilidad de que se produzca una estafa es mucho menor.

Compra en *exchange*

Puesto que sería su primera compra de criptomoneda, no le queda más remedio que realizarla en un *exchange* centralizado. Los descentralizados, por regla general, no permiten el intercambio por moneda fiat.

En este caso se utilizará como ejemplo Binance, por su web amigable y la facilidad de pagos por transferencia dentro de la UE.

Lo primero que debe hacer es registrarse como usuario introduciendo su dirección de correo electrónico y una contraseña. Tras recibir un email de confirmación, podrá hacer uso de la plataforma tanto en la web como en su app.

Una vez dentro, deberá acceder al desplegable "Buy Crypto" y seleccionar la opción de transferencia bancaria "Bank Transfer" (figura 13.1). Como puede observar, esta modalidad de compra no presenta ningún tipo de cargo ni de comisión. El único inconveniente es que sus fondos tardarán uno o dos días en aparecer en su cuenta Binance. Tras indicar la cantidad que desea transferir, obtendrá el número de cuenta bancaria a la que debe remitir el importe y el concepto a incluir en la transacción para que el pago quede vinculado a su usuario.

Figura 13.1 Binance. Buy cripto

Si desea empezar a operar de forma inmediata tendrá que optar por la compra mediante tarjeta bancaria o mediante el uso de la plataforma iDEAL, si posee una cuenta. En tales casos podrá efectuar directamente la compra de criptomoneda (en este caso ETH), a precio de mercado (figura 13.2).

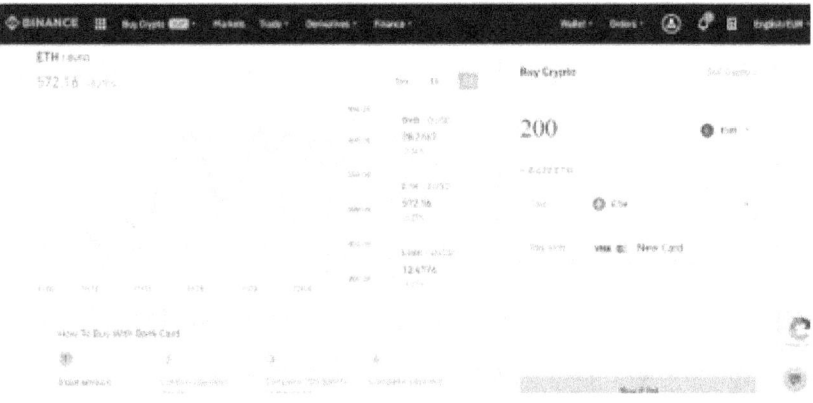

Figura 13.2 Binance. Compra de cripto con tarjeta

En cualquier caso, la opción recomendada, tanto por mí como por la plataforma, es la de transferencia bancaria.

Una vez disponga de los fondos en su cartera Binance podrá realizar la adquisición de cripto. En el ejemplo se hará una compra de ETH. En la figura 13.3 se ilustra la pantalla de *trading* simplificada que ofrece el *exchange*. Observe que las gráficas están desplegadas a nivel de día. Es muy importante este detalle y usted debe hacer lo propio si desea invertir a largo plazo.

En el listado superior derecho se muestran los pares con los que se pueden operar. Ya que el objetivo es comprar ETH, se seleccionará el par ETH/EUR. Justo debajo de la gráfica aparecen las secciones de compra y de venta. Debe situarse en la sección izquierda y seleccionar SPOT y compra con límite "*Limit*". Si realiza una compra de mercado obtendrá la moneda al mejor precio posible que se esté ofertando es ese momento, pero no suele ser la mejor opción. Por el contrario, debe observar la gráfica y comprobar los patrones. Es recomendable obtener nociones de análisis técnico para hacer las compras en el mejor momento posible. En este caso se debería esperar a que el valor se acercase a la media de 25 días, por lo que se ordena la adquisición por un precio cercano a 458 €. Si se fija en la siguiente gráfica, aparecen 3 líneas por debajo de las velas que indican el comportamiento diario del activo. La media de 25 días es la línea central.

Los inversores un poco más avanzados, en una situación como la mostrada en la gráfica, incluirían un stop-loss un 5% por debajo del precio de compra.

Figura 13.3 Binance. Plataforma de *trading*

Dado que lo más probable es que el precio del ETH baje hasta ese nivel, lo normal es que la orden se complete a lo largo del día. En caso de que no sea así, podrá ajustar la orden o revocarla y crear una nueva.

Una vez ejecutada la transacción, se enviarán los ETHs (o la fracción correspondiente) a su cartera.

Los inversores un poco más avanzados, no comprarían en las condiciones actuales salvo que se dediquen al *trading*, esto es, no realicen inversiones a largo o medio plazo. Mi método preferido para la compra de este tipo de activos es el del cruce de medias móviles de 5 y 70 días (o 9 y 21 para invertir a medio plazo). De forma simplificada, se puede decir que cuando la media de 5 cruza sobre la de 70 de forma ascendente sería una señal de compra, y si lo hiciese de forma descendente sería de venta. A ello habría que aplicarle un *stop loss* de 5% bajo el precio en el que se adquiere la criptomoneda.

Para seleccionar las medias móviles en la gráfica, debe hacer clic en el icono con forma de rueda señalado en la figura 13.4.

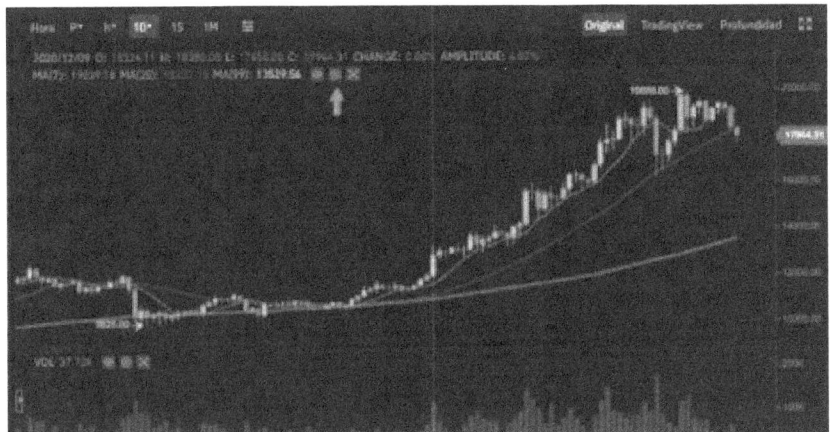

Figura 13.4 Binance. Configuración de la plataforma de *trading*

Aparecerá una ventana superpuesta a la gráfica donde podrá introducir qué medias móviles desea visualizar. Introduzca 5 y 70 en las casillas correspondientes (figura 13.5).

Podrá incluir hasta tres medias móviles diferente para una sola gráfica. Si desea incluir las tres, sepa que lo recomendable sería 5, 70 y 100 respectivamente.

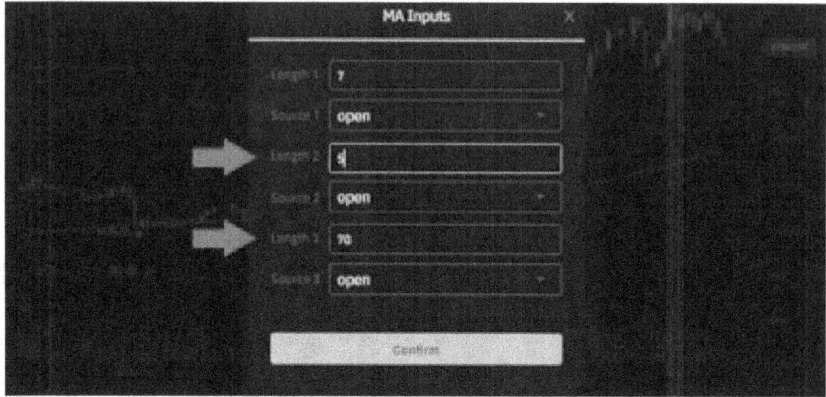

Figura 13.5 Binance. Configuración de medias móviles

Tras confirmar los cambios, las medias de 5 y 70 se dibujan en la pantalla. En la figura 13.6 podrá apreciar cómo el momento actual no es el más indicado para comprar, pues el último cruce de medias móviles de 5 y 70 de forma alcista queda muy lejos en el eje y.

Es fácil comprobar cómo la gráfica ha dado tres señales de operación desde septiembre de 2020. La primera, a inicios de septiembre, y la tercera, a mediados de octubre, son de compra. La segunda señal, es de venta. Puede comprobar que en todos los casos el cruce de medias ha sido un indicador fiable para realizar las operaciones. Tenga en cuenta que, aunque lo sea en la mayoría de ocasiones, no siempre es así. Por ese motivo debe siempre realizar sus comprar con un stop loss que lo libre de pérdidas que no pueda asumir.

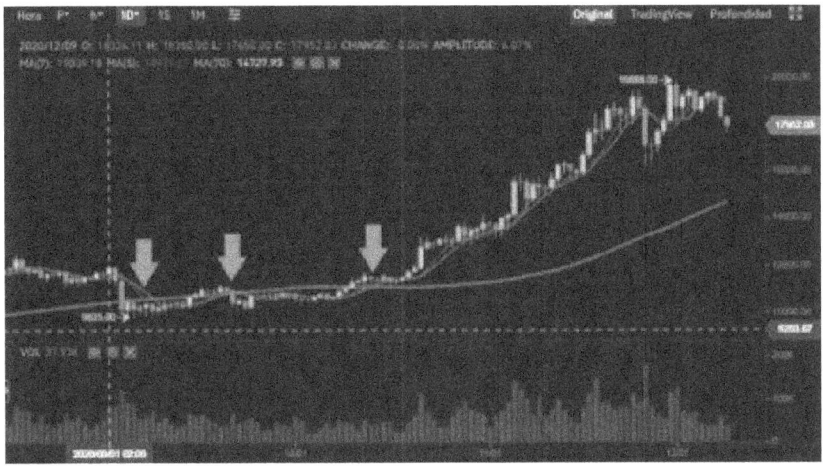

Figura 13.6. Binance. Cruce de medias

El proceso de venta es similar al expuesto aquí para la compra. Simplemente deberá invertir el par elegido (EUR/ETH en este caso), ejecutar la transacción y enviar los euros de vuelta a su cuenta bancaria.

INTERCAMBIO CRIPTO-CRIPTO

El proceso de intercambio de cripto por cripto es exactamente igual que en el caso anterior salvo que, tal y como se ha comentado anteriormente, un intercambio cripto-cripto, se puede hacer también en un *exchange* descentralizado. Las comisiones serán mucho más bajas y la seguridad es mayor por el hecho de no depender de un ente que custodie los activos.

En el siguiente ejemplo se describe cómo adquirir GEOS cambiándolos por algunos de los ETH que se han comprado en el apartado anterior, utilizando Uniswap.

Lo primero que debe hacer es hacerse con una cartera TrustWallet o MetaMask, que son las mejores para trabajar con *tokens* ETH ERC20. En este ejemplo se utilizará la segunda. Puede instalarla en su teléfono móvil, pero es recomendable que utilice el plugin existente para Google Chrome. Encontrará el enlace para su descarga e instalación en www.metamask,io (figura 13.7).

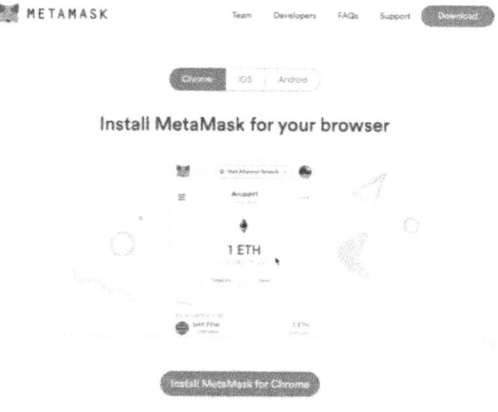

Figura 13.7 MetaMask. Instalación

Simplemente deberá seleccionar el navegador en el que desea instalarlo y hacer clic en añadir a Chrome ("Add to Chrome"). Véase figura 13.8.

Figura 13.8 MetaMask. Add extension

Una vez instalado el *plugin*, deberá introducir una contraseña para poder acceder al sistema (figura 13.9). Esa password debe ser única para usted. Es decir, no reutilice la misma de su correo electrónico ni ninguna otra. Por su propia seguridad, debe cumplir con unas reglas básicas como las siguientes:

- No utilice nombres ni apellidos (ni suyos ni de familiares).
- No incluya fechas.
- No use palabras del diccionario.
- Debe contener caracteres alfanuméricos y especiales.

Figura 13.9 MetaMask. Contraseña

- Debe tener, al menos, 8 caracteres.

Si le resulta difícil recordar la contraseña siempre puede instalar en su ordenador una herramienta como KeePass, que le facilita dicha tarea.

A continuación, MetaMask le ofrece una lista de doce palabras secuenciadas en un orden concreto que le servirá para recuperar su dirección de cartera en caso de olvido de la contraseña. Cópiela y guárdela en un lugar seguro.

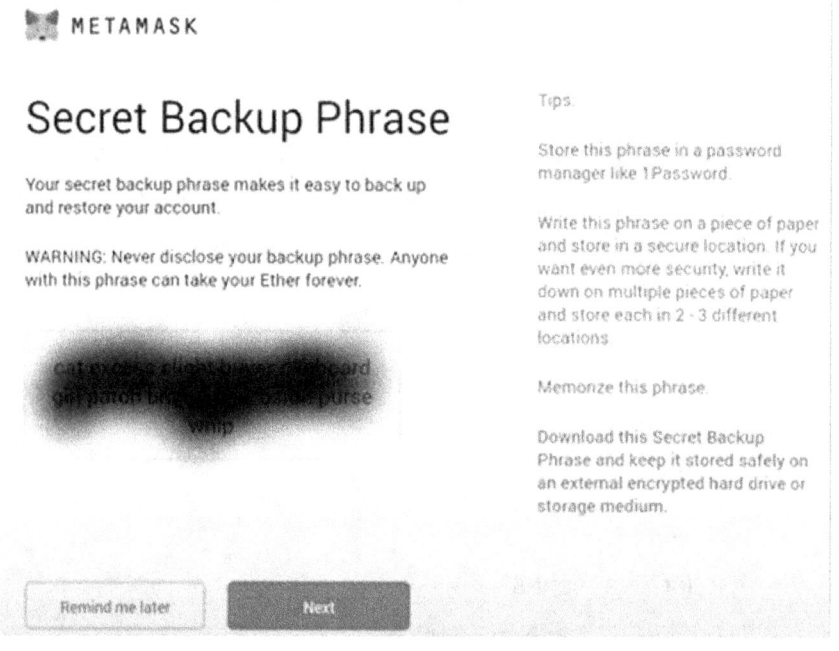

Figura 13.10 MetaMask. Frase secreta

En la siguiente ventana se le pedirá que confirme que conoce las doce palabras incluyendo las mismas en una caja de texto.

Recuerde que el orden es tan importante como usar las palabras válidas.

Después de hacer clic en aceptar podrá acceder por primera vez a su nueva *wallet*. Como puede observar en la figura 13.11, es una ventana casi diáfana compuesta por dos paneles principales.

En primer lugar, debe cerciorarse de que la cartera está conectada a la red principal de Ethereum, para lo cual solo tendrá que hacer clic en el desplegable de la esquina superior derecha.

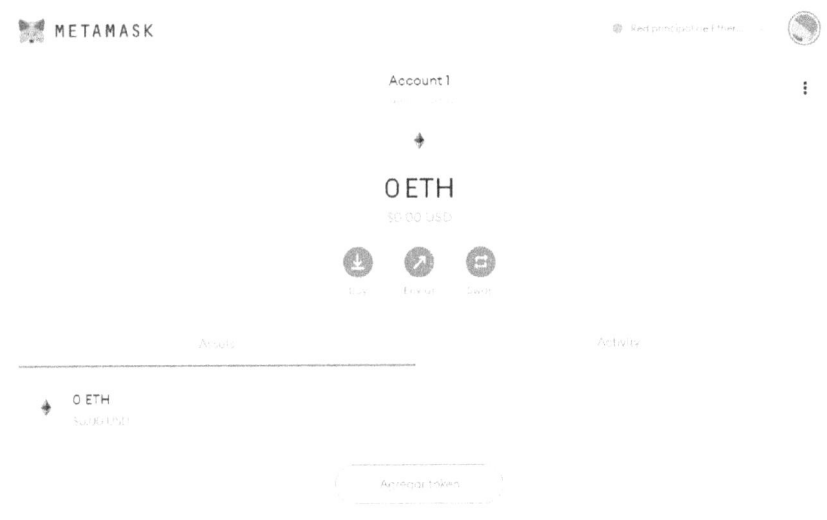

Figura 13.11 MetaMask. Vista principal

En el panel superior encontrará el nombre de su *wallet*, Account1 en este caso, la cantidad de criptomoneda equivalente en ETH y dólares americanos y tres botones que son para comprar, enviar e intercambiar cripto respectivamente. Si desease personalizar el nombre de su *wallet* solo tendría que hacer clic en los tres puntos en línea vertical que aparecen en la esquina superior derecha. Además, desde ese mismo botón, podrá ver todos los detalles de su cuenta en Etherscan y comprobar a qué sitios está conectado (figura 13.12).

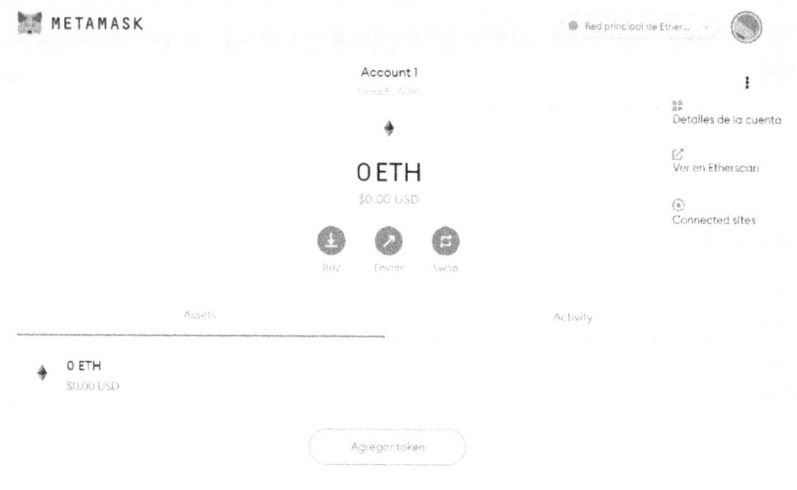

Figura 13.12 MetaMask. Menú

Desde el detalle de la cuenta podrá modificar el nombre de su *wallet*, en este caso se cambiará a B&C, de *Blockchain* y Criptomonedas. Podrá comprobar los detalles en Etherscan y exportar su clave privada (figura 12.13). Recuerde que nunca, bajo ningún concepto, debe compartir su clave privada con nadie. Pondría en riesgo todos los fondos que tuviese en la cartera.

Figura 13 13 MetaMask Detalles

Desde la ventana de Etherscan podrá ver, además de la información relativa a su cuenta, el estado de las transacciones que haya ejecutado o se encuentren pendientes (figura 13.14).

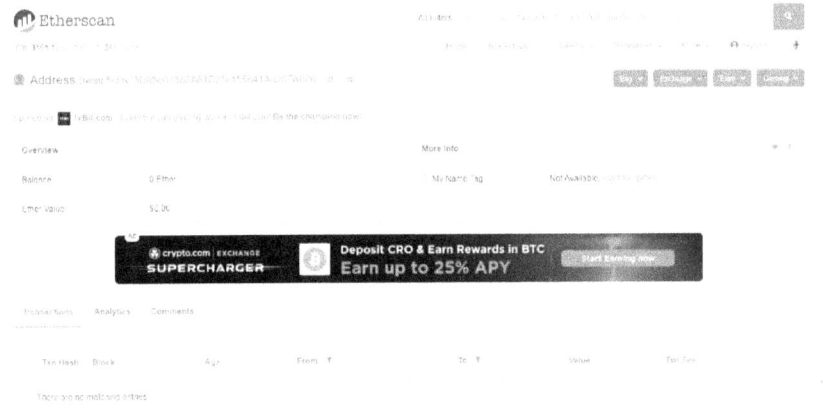

Figura 13.14 Etherscan

Una vez personalizado el nombre de su cartera deberá agregar el *token* que desea almacenar. MetaMask está preparada para seleccionar en un desplegable la mayoría de tokens ERC20 más importantes, pero dado que GEO es aún un proyecto startup y no se encuentra entre las primeras monedas en ETH, hay que añadirlo manualmente. Para ello haga clic

Agregar tokens

Figura 13.15 MetaMask. Añadir *token*

en "Agregar Token" en el panel inferior. Una vez allí, clique en el tab "Token Personalizado" (figura 13.15). El número de contrato de GEO, o el que usted desee incorporar, se lo facilitará la compañía emisora del *token*. En este caso, la dirección de contrato es:

0x147faF8De9d8D8DAAE129B187F0D02D819126750.

Debe copiar y pegar esa dirección hexadecimal en la caja denominada "Token Contract Address". De forma automática se establecerán el nombre del *token* (GEO) y los decimales de precisión (18). Tras hacer clic en "Siguiente", tendrá configurada su cartera.

Su cartera deberá tener un aspecto similar al que muestra la figura 13.16.

Figura 13.16 MetaMask. Información configurada

El siguiente paso será enviar ETH desde la cartera que creó en el *exchange* hasta su *wallet* MetaMask (ejemplo del epígrafe anterior). Haga clic en el nombre (B&C) lo que hará que la dirección se copie al cortapapeles. Ingrese en su cuenta de Binance (o del *exchange* que haya elegido) y haga

Figura 13.18 Uniswap. Compra de GEO con ETH

la transferencia. Una vez se encuentren en su cartera (puede comprobar en Etherscan el estado de la operación), tendrá todo lo necesario para hacer su primer intercambio de cripto por cripto.

Acuda a la página de Uniswap para el swap ETH-GEO/GEO-ETH: https://info.uniswap.org/pair/0xd10122ef86ae040efee3f53f35d324 7230ca670c (figura 13.17).

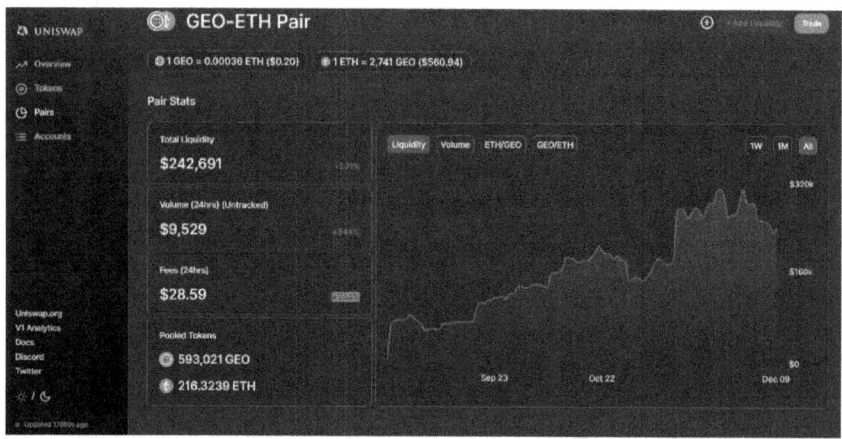

Figura 13.17 Uniswap. Par GEO-ETH

Pulse en el botón "Trading" de la esquina superior derecha. Aparecerá una nueva pestaña en la que realizar el swap. Seleccione ETH to GEO (figura 13.18) y haga clic en "Swap". Tenga siempre reservados algunos dólares para el pago del gas.

Tras finalizar la transacción encontrará en su *wallet* MetaMask los GEOs recién adquiridos.

YIELD FARMING

En este concepto se englobaría el *staking* y la minería de liquidez. Mediante estos mecanismos, un inversor deposita sus *tokens* en un *smart contract* o en un *pool* y, en contraprestación, recibe una cantidad de *tokens*. Un *pool* de liquidez es un contrato inteligente donde los inversores aportan *tokens* con el objetivo de obtener un rendimiento a cambio. Los fondos se destinan a crear la liquidez necesaria para que otros inversores puedan comprar y vender ese activo. La rentabilidad viene dada por las comisiones de compra venta y/o por los intereses devengados de prestar esos *tokens*. Si embargo, mediante el *staking* se participa en la validación de bloques en *blockchains* que usen PoS. La rentabilidad se obtiene de las compensaciones que reciben los nodos por llevarlas a cabo. Además, en el *staking* puede existir un periodo de bloqueo durante el cual no se pueden retirar los *tokens*. En tal caso la rentabilidad suele ser mayor.

De los mecanismos de *liquidity mining* más rentables en los que he participado hasta el momento son los lanzados por GeoDB. Dado que en un futuro será posible la participación en nuevos *pools* de liquidez GEO, utilizaré uno de ellos como ejemplo. Así, le resultará más fácil aportar fondos si así lo deseara. No es un proceso complicado, pero puede que a un inversor no iniciado le resulte un proceso poco intuitivo.

El primer incentivo de liquidez GEO estuvo disponible desde agosto a octubre de 2020 y tuvo una duración máxima de participación de 90 días, ofreciendo una APY de hasta 1.200%. Se otorgaron *tokens* de distribución a todo el que invirtió sus derechos de reclamación sobre los *tokens* subyacentes (un par Uniswap-GEO, llamado UNISWAP-V2-GEO-ETH2) en un *smart contract* de nombre TokenGeyser.

TokenGeyser distribuye recompensas en función de la cantidad invertida, el tiempo de inversión y un bonus de incentivo a la participación a largo plazo. Dicho bono es un multiplicador sobre la participación en el *geyser* de *tokens* de distribución que empieza en un 1 y se incrementa linealmente en el tiempo hasta los 60 días, cuando la bonificación alcanza un multiplicador de 3.

Dado que en el epígrafe anterior usted aprendió a intercambiar ETH por GEO, este ejemplo partirá desde ese preciso momento.

Para participar en este producto DeFi, como en todo *yield farming* de Uniswap, debe aportar la misma cantidad en euros (o dólares) de cada uno de los dos pares de monedas participantes. Así, en este caso se invertirán 100 $ en ETH y la misma cantidad en GEO.

En primer lugar, añada la dirección del nuevo *token* a su cartera MetaMask (0x7b1be7f8e6431514b20029cb7f2242ff9081b4b2 en este caso). Después acuda a la web donde la compañía emisora del *token* permite adquirir los *tokens* Uniswap. En este caso es la misma que se incluyó en el ejemplo anterior (figura 13.17), pero esta vez pulse en "Add Liquidity". Accederá entonces a una web muy similar a la que usó para la compra de GEO, pero esta vez dedicada a la compra de un nuevo *token*, el UNISWAP-V2-GEO-ETH2, que lo intercambiará por los 200□$ en GEOs y ETHs que se mencionaron anteriormente (figura 13.19).

Conecte su cartera MetaMask e introduzca las cantidades correspondientes y recuerde dejar en la *wallet* algunos dólares para el pago del gas. Confirme la operación y comprueba que los *tokens* se han cargado en su cartera.

Figura 13.19 Uniswap. Añadir liquidez

Hasta aquí sería el proceso normal de aporte de liquidez en Uniswap, pero para el caso que nos ocupa, además, se depositarán los tokens del par UNISWAP-V2-GEO-ETH2 en el geyser de GeoDB para obtener una rentabilidad adicional. Para ello, conecte su cartera al *pool* de liquidez que le haya facilitado el emisor, https://geoliquidity.geodb.com/ para el caso de GEO (figura 13.20).

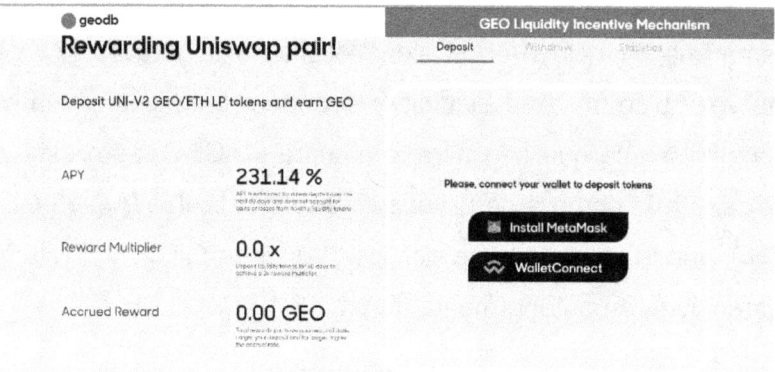

Figura 13.20 Geoliquidity

Conecte su cartera MetaMask, deposite sus *tokens* UNISWAP-V2-GEO-ETH2 y confirme la operación. Desde ese momento, usted podría acceder periódicamente a la plataforma para ver como sus beneficios se incrementan día a día.

Si en cualquier momento deseara retirar los fondos, solo debería dirigirse hasta la pestaña "*Withdraw*", retirar los *tokens* UNISWAP-V2-GEO-ETH2 y la recompensa en forma de GEO. Los *tokens* Uniswap deberán ser cambiados por sus ETHs y GEOs originales en la web de Uniswap facilitada por el emisor.

ICOs

Participar en una ICO es un proceso relativamente sencillo. En primer lugar, se debe acceder a la plataforma indicada por el proyecto en el que desea invertir. Puede ser un *exchange* o, simplemente su página web. Usualmente, los *tokens* de la empresa se intercambian por ETH, por lo que el proceso sería similar al siguiente:

- Depositar en una cartera de su propiedad, preferiblemente TrustWallet o MetaMask, la cantidad de ETH a transferir más unos 20 $ o 30 $ adicionales destinados a cubrir los costes de gas.
- Añadir la dirección de contrato que facilite la empresa a su cartera para poder almacenar los *tokens*.
- Hacer el envío a la dirección que facilite la compañía previa comprobación de que es correcta.
- Comprobar que la transacción se ha realizado correctamente y ha recibido la cantidad de *tokens* esperada.

Tenga en cuenta que alrededor de las ICOs existen innumerables intentos de fraude. Es fundamental que compruebe que la web o plataforma de la compañía donde se indica la dirección a la que enviar los *tokens*, sea real. En múltiples ocasiones, los *hackers* han creado páginas similares con una dirección diferente para robar los *tokens* destinados a la ICO.

La variedad de operaciones DeFi que se pueden realizar es mucho mayor, pero no son objeto de este libro, por implicar un conocimiento avanzado y suponer un alto riesgo. En cualquier caso, las aquí descritas, son las principales en las que se puede participar.

Recuerde los principales puntos de este capítulo:

Existen diferentes tipos de *wallets* que pueden utilizarse para diferentes propósitos.

Para grandes volúmenes de monedas la mejor solución sería optar por una *wallet* hardware, mientras que para las operaciones del día a día, lo mejor sería utilizar una *wallet* móvil/web como TrustWallet o MetaMask.

Tenga en cuenta que:
- Solo debe invertir un pequeño porcentaje de la parte de renta variable de su cartera.
- En función de su perfil de riesgo, la parte destinada a renta variable debe oscilar entre el 10-15% y el 80% del total.
- No invierta dinero que pueda necesitar a corto o medio plazo. La volatilidad de los criptoactivos es muy elevada.
- Invierta solo en aquellos productos que conozca. Dedique el tiempo necesario al estudio de aquello en lo que piensa invertir.

Los intercambios entre dinero fiat y criptomonedas sólo pueden realizarse en *exchanges* centralizados, mientras que cripto/cripto se puede hacer también en descentralizados, que son mucho más baratos y seguros.

Uno de los mecanismos DeFi más rentables es el *yield farming*, por el cual un inversor deposita sus *tokens* en un *smart contract* o en un *pool* y, en contraprestación, recibe una cantidad de *tokens*.

Participar en una ICO es muy sencillo. En la mayoría de los casos basta con intercambiar los *tokens* por ETH.

Tenga en cuenta que las ICO son operaciones de muy alto riesgo (con los que se pueden obtener revaloraciones muy elevadas) y que, en algunos casos, pueden ser estafas.

Capítulo 14: Fiscalidad

"La visión gubernamental de la economía puede resumirse en unas cortas frases: si se mueve, póngasele un impuesto. Si se sigue moviendo, regúlese, y si no se mueve más, otórguesele un subsidio. "

Ronald Reagan, expresidente de los Estados Unidos

Tenía que llegar este momento. Antes o después los políticos tenían que meter la mano. Es su modus vivendi, era de esperar. En la Unión Europea se han dado una serie de presiones, especialmente por parte de España, para incrementar la regulación sobre las actividades relacionadas con criptomonedas. Dentro de ese intento de poner puertas al campo sí que existen algunas medidas positivas como el marco legal necesario para lanzar una ICO, de forma que, si no presentan un *whitepaper*, las autoridades podrán advertir de la posibilidad de fraude. No es más que una medida paternalista, ya que lo mínimo que debería hacer cualquier inversor con dos dedos de frente es estudiarlo junto al modelo de negocio, la reputación e historia de la empresa y sus previsiones de ingresos y gastos.

En realidad, las monedas más afectadas por la futura legislación europea serán las *stablecoins*, cuyos emisores deberán solicitar una licencia y reflejar en un documento técnico sus mecanismos de respaldo.

En cuanto al tema fiscal, sí que hay mayores discrepancias entre gobiernos y aquí se desglosarán las principales diferencias.

España

Dado que es mi país natal, empezaré por España, donde se quiere abordar cuanto antes la legislación fiscal para, literalmente, "*limpiar la imagen de las criptomonedas*". La frase se califica por sí sola, así que pasaré directamente a detallar el estado de la legislación.

En España constituyen operaciones financieras aquellas criptomonedas que se hayan utilizado como medio de pago por todas las partes involucradas en una transacción. Así, están exentas del pago del IVA, al no estar consideradas como bienes o servicios. Como puede intuir, deja un vacío legal muy importante dado que la mayor proyección de las *blockchains* vendrá de la mano de la tokenización.

En resumen, los criptoactivos poseen la misma categorización fiscal que las acciones, por lo que los resultados de las operaciones sobre ellas se enmarcarán dentro del epígrafe de ganancias y pérdidas patrimoniales en la declaración de la renta. De esta forma, los tipos impositivos para las ganancias obtenidas mediante la venta de criptomoneda serán:

- 19% para ganancias inferiores a 6.000□€.

- 21% para ganancias entre 6.000□€ y 50.000□€.

- 23% para ganancias superiores a los 50.000□€.

Estos tipos también se aplican a las ganancias obtenidas, aunque las monedas no se hayan retirado de la *wallet* o no se hayan intercambiado por dinero fiat. En cualquier caso, actualmente es casi imposible identificar al propietario de las carteras criptográficas, con lo que no dejan de ser castillos en el aire.

En cuanto al minado, habría que incorporar a la base imponible del año fiscal en cuestión el equivalente en euros de todas las monedas obtenidas, aplicando así el IRPF correspondiente con sus ingresos.

Alemania

Es el turno de analizar ahora mi país de residencia. A diferencia de lo que ocurre en España, no se consideran como acciones o *commodities*, si no que las criptomonedas tienen consideración de dinero privado. Es importante porque según la ley EStG, los primeros 600□€ están exentos de impuestos, pero, además tampoco se pagará ninguna carga si las criptomonedas se mantienen más de un año en cartera. No es de extrañar que el país teutón se esté convirtiendo en una superpotencia en el mundo cripto ya que, además, siguen estrategias que persiguen estimular la innovación en el ámbito de las *blockchains* permitiendo el libre mercado. Ya en 2013, la BaFin (Bundesanstalt für Finanzdienstleistungsaufsicht) publicó una guía en la que consideraba determinados *tokens* como alternativas a monedas de curso legal. La nueva legislación que se está preparando se centra en la regulación de las ICOs, de forma similar a lo que se plantea en la UE, y la modificación de las reglas burocráticas que facilite el registro de valores para reducir el tiempo y el coste de los trámites.

Pero es que eso no es todo, el banco más importante de Alemania, el Deutsche Bank, está convencido de que las criptomonedas reemplazarán al efectivo en el futuro y se está preparando para ello. En concreto, ellos apuestan por una CBDC (Central Bank Digital Currency), emitida por el Banco Central Europeo.

EE. UU.

Al igual que en España, en los Estados Unidos las criptomonedas no tienen consideración de divisa, sino como una propiedad, como pueden ser las acciones, o una vivienda. Así que el resultado de las operaciones con criptoactivos se incluirán dentro del apartado de ganancias y pérdidas patrimoniales siempre y cuando recaigan en uno de estos supuestos:

- Intercambio de criptomoneda por dinero fiat o por otra criptomoneda.
- Uso de criptomoneda para la venta de bienes y servicios.
- Intereses recibidos por la inversión en productos DeFi salvo *staking*.

Al igual que en Alemania existe una diferenciación entre las ganancias de capital para inversiones que superan el año y las que no. En la siguiente tabla se incluyen los diferentes tramos impositivos en función de los supuestos contemplados por el IRS (Internal Revenue Service).

Inversión menor a un año			
Tasa	Solteros/Declaración indiv.	Casados con declaración conjunta	Cabezas de familia
10%	0$ < ingresos <= 9.875$	0$ < ingresos <= 19.750$	0$ < ingresos <= 14.100$
12%	9.875$ < ingresos <= 40.125$	19.750$ < ingresos <= 80.250$	14.100$ < ingresos <= 53.700$
22%	40.125$ < ingresos <= 85.525$	80.250$ < ingresos <= 171.050$	53.700$ < ingresos <= 85.500$
24%	85.525$ < ingresos <= 163.300$	171.050$ < ingresos <= 326.600$	85.525$ < ingresos <= 163.300$
32%	163.300$ < ingresos <= 207.350$	326.600$ < ingresos <= 414.700$	163.300$ < ingresos <= 207.350$
35%	207.350$ < ingresos <= 518.400$	414.700$ < ingresos <= 622.050$	207.350$ < ingresos <= 518.400$
37%	ingresos > 518.400$	ingresos > 622.050$	ingresos > 518.400$
Inversión superior a un año			
0%	0$ < ingresos <= 40.000$	0$ < ingresos <= 80.000$	0$ < ingresos <= 53.600$
15%	40.000$ < ingresos <= 441.450$	80.000$ < ingresos <= 496.600$	53.600$ < ingresos <= 469.050$
20%	ingresos > 441.450$	ingresos > 496.600$	ingresos > 469.050$

Los casos anteriores excluyen por tanto de la imposición fiscal el intercambio de dinero fiat por criptomonedas y las donaciones. En tales casos solo se pagarán impuestos tras la venta de las criptomonedas recibidas.

El minado y el *staking* se incluyen dentro de la categoría de ingresos como autónomo con una carga impositiva del 15,3 % siempre y cuando se minen más de 400□$. Los gastos de minería como la compra o alquiler de HW, la electricidad y la depreciación sufrida por el propio HW se pueden deducir.

Las recompensas recibidas a través de airdrops se consideran ingresos ordinarios.

En cualquier caso, los supuestos aquí mencionados pueden cambiar en cualquier momento debido a los cambios regulatorios, por lo que deben considerarse solo a título orientativo, debiendo confirmar con la autoridad competente en materia fiscal de su país de residencia, cuáles son los tipos impositivos y la forma correcta de hacer la declaración de impuestos correspondiente.

Recuerde los principales puntos de este capítulo:

Existen muchas diferencias en materia fiscal entre países si bien, en la mayoría de ellos, las operaciones con criptomonedas se enmarcan dentro de la categoría de ganancias y pérdidas patrimoniales.

Tenga en cuenta que los datos ofrecidos en este capítulo se ofrecen a modo orientativo y es usted el que debe asegurarse que cumple con la legislación fiscal de su país de residencia.

Capítulo 15: Estafas

"Los impostores no necesitan estudiar mucho las causas naturales, sino que les basta con servirse de la común ignorancia, estupidez y superstición de la humanidad."

Thomas Hobbes, filósofo

La inclusión de este capítulo al final de este libro no es casual. Durante un tiempo mantuve la duda sobre la idoneidad de presentarlo en última posición en lugar de intercalarlo entre bloques. La verdad es que el riesgo de dejar al lector con mal sabor de boca es elevado, pero el principio de prudencia me aconsejó que más vale un incrédulo que un convencido estafado. Por ese motivo creo que es de justicia mostrar la cara menos amable del mundo cripto como advertencia a modo de colofón.

Durante 2020 se estafaron más de 30 millones de dólares americanos mediante timos relacionados con las criptomonedas. Es una cantidad asombrosa, pero aún lo son más los tipos de engaños más comunes. Parto de la base de que el lector de este libro no caería en los engaños aquí mencionados porque el mero hecho de comprar y leer este tipo de libro refleja cierto nivel cultural e intelectual. En cualquier caso, me veo en la obligación de detallar las estafas más comunes y cómo evitarlas.

La primera máxima a seguir, no solo en el mundo cripto, sino en cualquier ámbito de la vida, es la de que "nadie da un duro a cuatro pesetas". Aun así, los esquemas Ponzi y estafas piramidales siguen a la orden del día. Un ejemplo claro lo tenemos en los anuncios que prometen doblar e incluso triplicar la cantidad de *tokens* o monedas que se depositan en la supuesta inversión. Es muy popular entre los grupos de Facebook relacionados con las criptomonedas.

Otra de las formas de fraude más delirantes es la suplantación de identidad de un personaje famoso o de una empresa, como la que se produjo en un canal de YouTube haciéndose pasar por Elon Musk solicitando que enviaran BTC a una dirección de *wallet* con la promesa de reembolsarlos íntegramente más unos beneficios.

También es muy común en los últimos tiempos que en las redes sociales como Facebook o Telegram ofrezcan *tokens* gratis en forma de *giveaways* o *airdrops* (ojo, muchos son reales y se utilizan para promocionar nuevos *tokens*) a los que se accede a través de una web fraudulenta. En ella se pide una cantidad de criptomoneda determinada o sus datos bancarios para poder hacer ese trabajo por usted. Tenga en cuenta en que los *giveaways* o *airdrops* reales jamás le pedirán datos personales salvo una dirección de cartera virtual.

La última de las estafas delirantes es aquella en la que solicitan hacer un intercambio P2P de una criptomoneda a un precio irrisorio. Una vez reciben los fondos, desaparecen y no se les vuelve a encontrar el rastro.

Hasta aquí las estafas en las que nadie, con un mínimo cuajo debería caer. Sin embargo, es cierto que existen una serie de fraudes más elaborados en los que sí se debe prestar atención para no caer en sus trampas. Los casos más comunes son los siguientes:

Falsas ICOs

Hay ocasiones en las que los amigos de lo ajeno crean un falso proyecto y solicitan financiación a través de la venta de *tokens* a un precio realmente bajo. Una vez vendidos los *tokens* desaparecen y el inversor pierde todo su dinero.

Falsas empresas de *cloud mining*

En el capítulo cinco se hace mención a que muchas de las empresas que supuestamente se dedican al minado en la nube son falsas. Se estima que, a finales de 2020, el número de compañías fraudulentas superaba el 80%. Son fácilmente identificables porque ofrecen un rendimiento muy superior a los ofrecidos por las compañías reales como Genesis o CCG.

Esquemas *pump & dump*

No es una estafa exclusiva de criptoactivos, también se produce con acciones bursátiles. Se basa en inflar el precio de un activo mediante compras masivas obtenidas con marketing fraudulento que incluye información falsa. Cuando el precio alcanza el nivel que desea el estafador, se efectúa la venta de los *tokens* o acciones por parte del timador, que se embolsa grandes beneficios mientras el precio del activo cae de forma abrupta sin visos de recuperación.

En resumen, antes de participar en cualquier operación que suponga un desembolso de dinero, tenga en cuenta los siguientes consejos:

- Estudie bien el producto, dedique un tiempo suficiente a conocer el proyecto o activo en el que quiere invertir y quiénes son sus responsables.
- Desconfíe de los regalos si le piden datos personales o criptomoneda a cambio.
- Compre criptoactivos a través de *exchanges* reconocidos y jamás mediante transacciones P2P con particulares que no conozca.
- No comparta jamás la clave privada de su *wallet*.
- No confíe en las inversiones que le prometen rendimientos muy elevados si no parten de una empresa seria.

Estoy seguro de que con estos simples consejos nunca tendrá que lamentarse de haber participado en una inversión fraudulenta.

Recuerde los principales puntos de este capítulo:

La gran mayoría de estafas que se producen en el mundo cripto son fácilmente evitables.

La primera máxima a seguir, no solo en el mundo cripto, sino en cualquier ámbito de la vida, es que "nadie da un duro a cuatro pesetas".

Existen estafas más elaboradas por lo que se debe extremar la precaución en ciertas operaciones. Las falsas ICO y empresas *fake* de minería en la nube son ejemplos de ello.

Tenga en cuenta los siguientes consejos:
- Estudie el producto, dedique un tiempo suficiente a conocer el proyecto o activo en el que quiere invertir y a sus responsables.
- Desconfíe de los regalos si le piden datos personales o criptomoneda a cambio.
- Compre criptoactivos a través de *exchanges* reconocidos y jamás mediante transacciones P2P con particulares que no conozca.
- No comparta jamás la clave privada de su *wallet*.
- No confíe en las inversiones que le prometen rendimientos muy elevados si no parten de una empresa reconocida.

Conclusiones

"Blockchain es el mayor conjunto de oportunidades que podemos pensar en la próxima década o así."

Bob Greifeld, Jefe Ejecutivo de Nasdaq

A finales del año 2018 se estimaba que la cantidad total de dinero en el mundo rondaba los 106 billones de dólares, contando depósitos y cuentas corrientes. El total de oro suponía 9 billones, y los activos bursátiles 80. La deuda total ascendía a 200 billones de dólares.

Durante la crisis provocada por la COVID-19 los bancos centrales aumentaron sus programas de compra de deuda en apoyo de los grandes bancos y empresas. La UE concedió préstamos a sus estados miembros, cuyo destino, controlado por los gobiernos nacionales de turno, no es otro que el aumentar el granero de votos y no tanto el mejorar el tejido productivo. Como en todas las crisis, el ciudadano se ve empobrecido con nuevas emisiones de deuda para que cierta clase dirigente vean protegidos sus intereses. El resultado es que la deuda generada es impagable. Gran parte de la deuda ya existente caerá en calificaciones de nivel especulativo y encarecerá el coste de emisión de nueva deuda. Un escenario de *default* en varios países no es descabellado. Ya ha ocurrido en países como Argentina más de una vez.

Desgraciadamente, el sistema actual es insostenible. Por ello, desde la crisis de 2008 surgió una nueva alternativa que ha crecido de manera vertiginosa durante los últimos años: Bitcoin. Poco a poco, se ha convertido en el oro 2.0 aun siendo una tecnología financiera no consolidada. ¿Cuál es el motivo por el que la gente se lanza a invertir en bitcoin en particular o *Blockchain* en general? Sin lugar a dudas es porque las cadenas de bloques han supuesto una disrupción tecnológica equivalente a la que supuso la generalización de Internet o la Revolución Industrial.

Nadie podía imaginar los nuevos modelos de negocio y las nuevas profesiones que traerían consigo la llegada de Internet a los hogares. Google, Amazon, Facebook, entre otros, cambiaron nuestra forma de ver el mundo. Algo similar ocurrirá en un futuro muy próximo con las tecnologías *Blockchain*, pero con una diferencia fundamental: solo unos pocos privilegiados tuvieron la oportunidad de subirse al carro de las nuevas tecnológicas en los años 90. Sin embargo, en estos momentos, cualquiera puede ser partícipe de esta nueva revolución que, poco a poco, cambiará el mundo.

Las DAO y la tokenización son dos conceptos que democratizarán la economía de una forma nunca vista hasta el momento y, acceder a estos productos es mucho más fácil que hacer lo propio con cualquier instrumento financiero y con un coste mucho menor.

Las *blockchains* traen con ellas ventajas como robustez a ataques, tolerancia mayor a fallos, trazabilidad e inmutabilidad llevadas al extremo y democratización de la toma de decisiones sobre ella.

Estamos en los albores de un nuevo sistema político, que aún está muy lejos de afianzarse, pero que es un fenómeno imparable: la criptocracia. Supone la mayor redistribución potencial de la riqueza que jamás se haya podido imaginar.

Usted tiene la oportunidad de participar en ella en los inicios de su creación. No solo en bitcoin, cuyo valor se ha multiplicado por más de 600.000 desde su creación y aún podría revalorizarse por 50 en los próximos años, sino con el resto de criptoactivos y tecnologías relacionadas con las *blockchains*.

Ser accionista de una DAO es tan simple como comprar los *tokens* que emite la empresa a tal fin. Así puede participar en una compañía gestionada de forma automática, con unas reglas públicas y transparentes donde los poseedores de *tokens* decidirán sobre cómo y cuándo cambiar las reglas automáticas, si es que así lo desean.

Todos aquellos negocios relacionados con las cadenas de suministros se verán afectados especialmente de forma positiva, porque la adopción de las cadenas de bloques supondrá una fiabilidad y reducción de costes altísima. Los trámites burocráticos de las actividades relacionadas con las transferencias de bienes serán inmediatos y mucho más baratos. No será necesario acudir al registro a notaría para comprar una vivienda. Todo ello quedará registrado en una *blockchain* a un coste casi ridículo.

No habrá lugar para la corrupción porque todos los fondos serán trazados y no habrá posibilidad de ocultar una transacción o de modificarla.

Gracias a las DeFi se elimina la necesidad de contar con una tercera parte confiable para certificar transacciones, se han abaratado los costes, aumentado las rentabilidades y multiplicado la oferta de nuevos productos financieros, extendiéndolo además a un público que tiene difícil acceso a este tipo de productos. Desde su móvil podría participar en la compra de *tokens* que le otorguen derecho de participación en los beneficios de una granja solar en China, financiar una presa en Zimbawe, o recibir parte de las rentas de alquiler de un apartamento en Nueva York.

La importancia de las DeFi es tal, que aún no se conoce el alcance real que podrían alcanzar ni todos los productos que pueden ofrecer. En lo que sí existe consenso por parte de los economistas es que han llegado para quedarse. Cada vez conseguirán mayor cuota de mercado y obligarán a cambiar la forma actual de invertir, gestionar y comprender las finanzas a nivel mundial.

Tal y como dijo Christine Lagarde, *"las tecnologías de registro distribuido como las criptomonedas y los activos digitales están sacudiendo el sistema."*

Está solo a un paso de poder ser parte de esta revolución. De usted depende formar parte de ella o no. Encienda su ordenador, abra su primera *wallet* y transfiera a ella sus primeras criptomonedas o fracciones de ella. Como en el mundo analógico, solo invierta aquello que no necesite a largo plazo. Investigue empresas y estudie productos. El cementerio de monedas muertas es inmenso, pero eso no quiere decir que las que han sobrevivido no tengan buena salud o que las que están por venir no tengan futuro.

Es la primera vez que el ciudadano de a pie es consciente de que puede ser parte del futuro y las barreras de entradas no son altas. Es una oportunidad única en la historia. De usted depende aprovecharla.

Glosario de acrónimos

AAVE	*Token* de AAVE
ADA	*Token* de Cardano
AE	*Token* de Aeternity
ARS	Peso argentino
ASIC	Application-Specific Integrated Circuit
ATOM	*Token* de Cosmos
BaFin	Bundesanstalt für Finanzdienstleistungsaufsicht
BAT	Basic Attention Token
BCE	Banco Central Europeo
BCH	Bitcoin Cash
BCN	Bytecoin
BCS	Bitcoin Diamond
BitARS	BitShares
BLK	Blackcoin
BNB	Binance Coin
BTC	Bitcoin
BTG	Bitcoin Gold
BSV	Bitcoin SV
CBDC	Central Bank Digital Currency

CEL	*Token* de Celsius
CEO	Chief Executive Officer
CPU	Central Processing Unit
CRO	*Token* de Cryptocoin
DAI	*Token* de Dai
DAO	Decentralized Autonomous Organization
DApp	Decentralized Application
DASC	*Token* de DasCoin
DASH	*Token* de Dash
DCR	*Token* de Decred
DeFi	Decentralized Finance
DLT	Distributed Ledger Technology
DOGE	*Token* de Dogecoin
DOT	*Token* de Polkadot
dPoS	Delegate Proof of Stake
EEA	Enterprise Ethereum Alliance
EOA	Externally Owned Account
EOS	*Token* de EOS
ETC	Ethereum Classic
ETH	Ether/Ethereum

ETN	*Token* de Electroneum
EVM	Ethereum Virtual Machine
FCA	Financial Conduct Authority
FCT	*Token* de Firmachain
FDR	Firma Data Reward
FPGA	Field Programmable Gate Array
GB	Gigabyte
HT	*Token* de Huobi
HW	Hardware
ICO	Initial Coin Offering
ICX	*Token* de ICON
IRS	Internal Revenue Service
IVA	Impuesto sobre el Valor Añadido
KYC	Know Your Customer
KWh	Kilovatio/hora
LINK	*Token* de Chainlink
LPoS	Leased Proof of Stake
LSK	*Token* de Lisk
LTC	Litecoin
MB	Megabyte

MBA	Master of Business Administration
ODIN	Open Data Interoperable Network
OKB	*Token* de OKB
OMG	*Token* de OMG
P2P	Peer to Peer
PoS	Proof of Stake
PoET	Proof of Elapsed Time
PoI	Proof of Importance
PPLNS	Pay Per Last N Shares
PPS	Pay Per Share
PoW	Proof of Work
REP	*Token* de Augur
RPoW	Reusable Proof of Work
SDK	Software Development Kit
SEC	U.S. Securities and Exchange Commission
SPV	Simple Payment Verification
SW	Software
TH	TeraHash
TH/s	Terahash/segundo
TRX	*Token* de TRON
UE	Unión Europea

UNI	*Token* de Uniswap
USA	United States of America
USD	Dólar Americano
USDC	*Token* de USD Coin
USDT	*Token* de Tether
VET	*Token* de VeChain
VHDL	Very High Speed Integrated Circuit Hardware Description Language
WAN	*Token* de WanChain
WAVE	*Token* de Wave
wBTC	*Token* de Wrapped Bitcoin
WoW	World of Warcraft
XEM	*Token* de NEM
XLM	*Token* de Stellar
XMR	*Token* de Monero
XRP	*Token* de Ripple
XTZ	*Token* de Tezos
YFI	*Token* de Yearn.finance
ZEC	*Token* de Zcash
ZRX	*Token* de 0x

Índice de Figuras

Figura I.1   Niños jugando con marcos alemanes durante la hiperinflación. Fuente: rarehistoricalphotos.com

Figura I.2   Presidente Richard Nixon. Fuente: Wikipedia

Figura 1.1   Tipología de redes

Figura 1.2   Whitfield Diffie y Martin Hellman en 2008. Fuente: Wikipedia

Figura 2.1   David Chaum en 2018. Fuente: Wikipedia

Figura 2.2   Perfil de Twitter de Adam Back

Figura 3.1   Distribución de nodos en una *blockchain*

Figura 6.1   Vitálik Buterin. Fuente: Wikipedia

Figura 7.1   Transacciones en Ethereum

Figura 12.1   AAVE. Depósitos

Figura 12.2   AAVE. Préstamos

Figura 13.1   Binance Buy cripto

Figura 13.2   Binance. Compra de cripto con tarjeta

Figura 13.3   Binance. Plataforma de *trading*

Figura 13.4   Binance. Configuración de la plataforma de *trading*

Figura 13.5   Binance. Configuración de medias móviles

Figura 13.6   Binance. Cruce de medias

Figura 13.7   MetaMask. Instalación

Figura 13.8   MetaMask. Add extension

Figura 13.9   MetaMask. Contraseña

Figura 13.10   MetaMask. Frase secreta

Figura 13.11   MetaMask. Vista principal

Figura 13.12   MetaMask. Menú

Figura 13.13   MetaMask. Detalles

Figura 13.14   Etherscan

Figura 13.15   MetaMask. Añadir *token*

Figura 13.16   MetaMask. Información configurada

Figura 13.17   Uniswap. Par GEO-ETH

Figura 13.18   Uniswap. Compra de GEO con ETH

Figura 13.19   Uniswap. Añadir liquidez

Figura 13.20   Geoliquidity

Agradecimientos

A mis dos hijas, las luces que borran las sombras que tratan de oscurecer mi día a día.

A mi padre por ayudarme con la tediosa tarea de corrección del texto.

Sobre el autor

Antonio Luis Lara, nacido en Málaga en 1981, es consultor informático desde hace más de 15 años. Es ingeniero técnico de telecomunicación por la Universidad de Málaga y ha cursado un MBA por la Cámara de Comercio de Málaga, con profesores de prestigio como D. Ramón Tamames o D. Mario Weitz, en el que obtuvo una de las mejores calificaciones de su promoción.

Ha trabajado para multinacionales como Mapfre, CSC, Accenture, Bayer, SEAT, Banco Sabadell y Suez entre otras. Actualmente, trabaja en Luxemburgo como consultor externo en la Comisión Europea. Colabora con GeoDB como embajador de la compañía.

www.ingramcontent.com/pod-product-compliance
Lightning Source LLC
Chambersburg PA
CBHW070327220526
45467CB00001B/68